KB066735

100만 중국어 학습자가 선택한 **중국어 회화 시리즈 베스트셀러!**
『**맛있는 중국어**』 회화 시리즈가 6단계로 개편됩니다.

구판

맛있는 중국어
Level ❶ 上

맛있는 중국어
Level ❶ 下

맛있는 중국어
Level ❷

맛있는 중국어
Level ❸

맛있는 중국어
Level ❹

맛있는 중국어
Level ❺

최신개정판

맛있는 중국어
Level ❶ 첫걸음

맛있는 중국어
Level ❷ 기초 회화

맛있는 중국어
Level ❸ 초급 패턴1

맛있는 중국어
Level ❹ 초급 패턴2

맛있는 중국어
Level ❺ 스피킹

맛있는 중국어
Level ❻ 중국통

100만 독자의 선택
맛있는 중국어 시리즈

회화

첫걸음·초급
▶ 중국어 발음과 기본 문형 학습
▶ 중국어 뼈대 문장 학습

초·중급
▶ 핵심 패턴 학습
▶ 언어 4대 영역 종합 학습

맛있는 중국어
Level ❶ 첫걸음

맛있는 중국어
Level ❷ 기초 회화

맛있는 중국어
Level ❸ 초급 패턴1

맛있는 중국어
Level ❹ 초급 패턴2

맛있는 중국어
Level ❺ 스피킹

맛있는 중국어
Level ❻ 중국통

기본서

▶ 재미와 감동, 문화까지 **독해**
▶ 어법과 어감을 통한 **작문**
▶ 60가지 생활 밀착형 회화 **듣기**

▶ 이론과 트레이닝의 결합! **어법**
▶ 듣고 쓰고 말하는 **간체자**

맛있는 중국어 독해 ❶❷

NEW 맛있는 중국어 작문 ❶❷

맛있는 중국어 듣기

NEW 맛있는 중국어 어법

맛있는 중국어 간체자

비즈니스

맛있는
비즈니스 중국어
Level ❶ 첫걸음

맛있는
비즈니스 중국어
Level ❷ 일상 업무

맛있는
비즈니스 중국어
Level ❸ 중국 출장

맛있는
비즈니스 중국어
Level ❹ 실전 업무

▶ 비즈니스 중국어 초보 탈출! **첫걸음**
▶ 중국인 동료와 의사소통이 가능한 **일상 업무편**
▶ 입국부터 출국까지 완벽 가이드! **중국 출장편**
▶ 중국인과의 거래, 이젠 자신만큼! **실전 업무편**

\ 100만 독자의 선택 /

맛있는 중국어 HSK 시리즈

기본서

▶ **시작**에서 **합격**까지 **4주** 완성
▶ **모의고사 동영상** 무료 제공(6급 제외)
▶ **기본서+해설집+모의고사** All In One 구성
▶ 필수 **단어장** 별책 제공

맛있는 중국어 HSK 1~2급 첫걸음   맛있는 중국어 HSK 3급   맛있는 중국어 HSK 4급   맛있는 중국어 HSK 5급   맛있는 중국어 HSK 6급

모의고사

▶ 실전 HSK **막판 뒤집기**!
▶ 상세하고 친절한 **해설집** PDF 파일 제공
▶ 학습 효과를 높이는 **듣기** MP3 파일 **제공**

맛있는 중국어 HSK 1~2급 첫걸음 400제   맛있는 중국어 HSK 3급 400제   맛있는 중국어 HSK 4급 1000제   맛있는 중국어 HSK 5급 1000제   맛있는 중국어 HSK 6급 1000제

단어장

▶ 주제별 분류로 **연상 학습** 가능
▶ HSK **출제 포인트**와 **기출 예문**이 한눈에!
▶ **단어 암기**부터 HSK **실전 문제 적용**까지 한 권에!
▶ **단어&예문 암기 동영상** 제공

맛있는 중국어 HSK 1~4급 단어장   맛있는 중국어 HSK 1~3급 단어장   맛있는 중국어 HSK 4급 단어장   맛있는 중국어 HSK 5급 단어장

쉽게! 재미있게! 가볍게! 반복적으로!
다양한 무료 콘텐츠로 『맛있는 중국어』를 즐기세요!

워크북(별책)

본책에서 학습한 내용을 복습할 수 있습니다.

핵심 문장 카드

6단계의 핵심 문장을 정리해 놓았습니다. 잘라서 카드 링으로 연결하면 학습하기 편리합니다.

단어 카드(PDF 파일 다운로드)

각 과의 학습 단어가 정리되어 있습니다. 파일을 다운로드하여 스마트폰 등에 담아 틈틈이 단어를 암기할 수 있습니다.

복습용 워크시트(PDF 파일 다운로드)

각 과의 학습 단어와 핵심 문장을 써보며 복습할 수 있습니다.

암기 동영상

깜빡이 학습법으로 각 과에 나온 모든 단어를 자동으로 암기할 수 있습니다.

트레이닝 듣기

각 과의 시작 페이지에 있는 QR 코드를 스캔하면 듣고 따라 말하는 트레이닝 버전의 듣기 파일을 들을 수 있습니다.

유료 **동영상 강의**(할인 쿠폰 수록)

중급 학습자들을 위해 중국어의 4대 영역을 종합적으로 혼자서 학습할 수 있게 알려 줍니다.

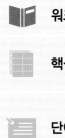

인강 할인 이벤트

맛있는스쿨 ▶ 단과 강좌 할인 쿠폰

할인 코드 **hchanyu_lv6**

단과 강좌 할인 쿠폰

20% 할인

할인 쿠폰 사용 안내
1. 맛있는스쿨(cyberjrc.com)에 접속하여 [회원가입] 후 로그인을 합니다.
2. 메뉴中[쿠폰] → 하단[쿠폰 등록하기]에 쿠폰번호 입력 → [등록]을 클릭하면 쿠폰이 등록됩니다.
3. [단과] 수강 신청 후, [온라인 쿠폰 적용하기]를 클릭하여 등록된 쿠폰을 사용하세요.
4. 결제 후, [나의 강의실]에서 수강합니다.

쿠폰 사용 시 유의 사항
1. 본 쿠폰은 맛있는스쿨 단과 강좌 결제 시에만 사용이 가능합니다.
2. 본 쿠폰은 타 쿠폰과 중복 할인이 되지 않습니다.
3. 교재 환불 시 쿠폰 사용이 불가합니다.
4. 쿠폰 발급 후 60일 내로 사용이 가능합니다.
5. 본 쿠폰의 할인 코드는 1회만 사용이 가능합니다.
*쿠폰 사용 문의 : 카카오톡 채널 @맛있는스쿨

최신 개정

맛있는 중국어
Level **6** 중국통

JRC 중국어연구소 기획·저

최신 개정

맛있는 중국어 Level ❻ 중국통

제1판	1쇄 발행	2007년	12월	24일
제2판	1쇄 발행	2013년	10월	15일
제2판	12쇄 발행	2019년	12월	20일
제3판	1쇄 발행	2021년	8월	20일
제3판	3쇄 발행	2024년	7월	25일

기획·저	JRC 중국어연구소
발행인	김효정
발행처	맛있는books
등록번호	제2006-000273호

주소	서울 서초구 명달로 54 JRC빌딩 7층
전화	구입문의 02·567·3861 l 02·567·3837
	내용문의 02·567·3860
팩스	02·567·2471
홈페이지	www.booksJRC.com

ISBN	979-11-6148-058-9 14720
	979-11-6148-051-0 (세트)
정가	17,000원

ⓒ 맛있는books, 2021

저자와 출판사의 허락 없이 이 책의 일부 또는 전부를 무단 복사·복제·전재·발췌할 수 없습니다.
잘못된 책은 구입처에서 바꿔 드립니다.

머리말

『맛있는 중국어』 회화 시리즈는 중국어를 '쉽고 재미있게' 배울 수 있도록 2002년부터 JRC 중국어연구소에서 오랫동안 연구 개발한 교재입니다. 2002년 처음으로 교재로 사용되었으며, 2005년 정식 출간된 후 다양한 교육 현장에서 사용되어 베스트셀러로 자리매김하였습니다. 이후 한 차례의 개정을 통해 지금까지 모두 100만 부가 판매되는 놀라운 기록을 달성하였습니다.

『맛있는 중국어』 최신 개정판은 몇 년 전부터 기획되어 진행되었으며 오랜 고민과 노력을 통해 재탄생하였습니다. 중국어를 쉽고 재미있게 배워야 한다는 기존 콘셉트를 최대한 유지하면서, 시대의 변화를 반영하고 학습의 편의성을 실현하는 데 개편의 중점을 두었습니다.

기존의 『맛있는 중국어 Level ①~⑤』는 『맛있는 중국어 Level ①~⑥』 총 6단계로 개편되었으며 듣기, 말하기, 읽기, 쓰기를 모두 자연스레 익힐 수 있도록 구성하였습니다.

제1단계, 제2단계는 중국어 발음과 기초 회화 학습에 중점을,
제3단계, 제4단계는 중국어의 뼈대를 세우고 어순 훈련 및 회화 학습에 중점을,
제5단계, 제6단계는 상황별 회화와 관용 표현 및 작문 학습에 중점을 두었습니다.

별책으로 제공되는 『워크북』에는 효과적인 복습을 도와주는 학습 노트를 담았으며, 「복습용 워크시트」, 「단어 카드」 등을 별도로 구성하여 학습에 도움을 주고자 최대한 노력하였습니다.

중국어를 어떻게 하면 잘할 수 있을까요?
영어처럼 10년을 공부하고도 한마디도 말할 수 없다면……

『맛있는 중국어』 회화 시리즈는 여러분이 맛있고 재미있게 중국어를 학습할 수 있도록 모든 재료를 갖추어 놓았습니다. 하지만 여러분이 직접 요리하지 않는다면 소용없겠죠? 언어는 어떻게 시작하느냐가 중요합니다. '읽기 위주의 학습 습관'에서 벗어나, 어린아이가 처음 말을 배울 때처럼 '귀로 듣고 입으로 따라하기' 위주로 중국어를 시작해 보세요. 그리고 꾸준히 즐겁게 학습해 보세요! 어느새 중국어가 입에서 술술~ 재미가 솔솔~ 여러분의 향상된 중국어를 체험하실 수 있을 겁니다.

지금까지 현장에서 끊임없이 의견을 주신 선생님들과 최고의 교재를 만들고자 오랜 고민과 노력을 기울인 맛있는북스 식구들, 그리고 지금까지 『맛있는 중국어』를 사랑해 주신 모든 독자분들께 다시 한번 감사의 인사를 전하며, 이 책이 여러분의 중국어 회화 성공에 도움이 되기를 진심으로 바랍니다.

JRC 중국어연구소 김효정

차례

맛있는 중국어 Level ❻ 중국통

과	단원명	핵심 문장	학습 포인트		플러스 코너
1	代沟 세대 차이	• 我还没来得及告诉您呢。 • 我才不在乎别人怎么看呢。 • 反正从那时候起我心里就开始埋怨您了。 • 有一天晚上您以为我睡着了。 • 听到这句话，我忍不住哭了。	표현	가정 환경 관련 표현 익히기 의견을 나타내는 표현 익히기	쓰기 포인트 문장 부호(1)
			어법	反正 | 以为 | 忍不住	
			쓰기	隔 | 刚好 | 给…一个惊喜 | 除了…以外, 还… | 作为	
			문화	중국인의 연애관에도 세대 차이가 있을까?	
2	中国人的文化习惯 중국인의 문화 습관	• 我再也不敢和中国人喝酒了。 • 中国人格外讲究"细嚼慢咽"。 • 中国人仍然不着急。 • 何必那么快呢? • 中国人其实也渐渐快起来了。	표현	문화 습관 관련 표현 익히기 '특히', '여전히' 등 부사 표현 익히기	쓰기 포인트 문장 부호(2)
			어법	格外 | 仍然 | 何必	
			쓰기	响 | 请 | 酷爱 | 尤其 | 受…(的)欢迎	
			문화	중국인의 선물 풍속	
3	健康生活 건강한 생활	• 情况这么严重啊! • 没想到孩子们的学习压力也不小。 • 无论是杂志上的还是网上的减肥方法，我都试过了。 • 弄得人不像人，鬼不像鬼。 • 真希望以胖为美的时代能快点儿到来。	표현	건강 관련 표현 익히기 '~에 관계없이', '~로 여기 다' 등 표현 익히기	쓰기 포인트 원고지 사용법(1)
			어법	无论 | 弄 | 以…为…	
			쓰기	无意中 | 鼓动 | 想起 | 懒得 | 既…又…	
			문화	눈 건강을 위한 눈 체조	
4	海外生活 해외 생활	• 你怎么一个人喝闷酒啊? • 几乎一千名职员被派到别的国家。 • 我们公司把我派到了印度。 • 很勉强地跟我握了握手。 • 怪不得他们表情那么奇怪!	표현	해외 생활 관련 표현 익히기 '거의', '마지못해 ~하다' 등 표현 익히기	쓰기 포인트 원고지 사용법(2)
			어법	几乎 | 勉强 | 怪不得	
			쓰기	为了 | 拉着 | 不知怎么搞 的 | 没完没了 | 동사+个+ 정도보어	
			문화	한국과 중국의 문화 차이	

맛있는 중국어 Level ❶ 첫걸음 & ❷ 기초 회화 & ❸ 초급 패턴1

맛있는 중국어 Level ❹ 초급 패턴2 & ❺ 스피킹

9

『최신 개정 맛있는 중국어 Level ⑥ 중국통』은 중국인의 **사고방식을 이해**할 수 있는 주제를 중심으로 **듣기, 말하기, 읽기, 쓰기** 능력을 골고루 **강화**하여 재미있게 학습할 수 있도록 구성되어 있습니다.

학습 포인트

주요 학습 내용을 미리 확인할 수 있습니다.
말하기 연습을 할 수 있는 「트레이닝 듣기」
는 예습용 또는 복습용으로 활용해 보세요.

맛있는 회화

중국인의 문화와 사고를 알 수 있는 주제로 대화문을
구성하여 실용적이며 활용도 높은 문장 학습을 통해 자
연스러운 중국어 표현이 가능합니다.

단어

학습 단어를 알아보기 쉽게 정리했습니다.

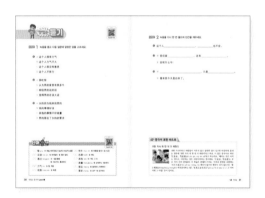

맛있는 듣기

문장 또는 대화문을 듣고 문제 풀기, 받아쓰기를 통해
듣기 실력을 향상시킬 수 있습니다.

중국어 표현 속으로

각 과의 주제와 관련된 중국 속담, 시, 관용어 등을 알기
쉽게 설명해 놓았습니다.

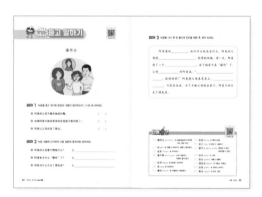

맛있는 듣고 말하기

단문을 들으며 다양한 문제를 풀고, 받아쓰기한 후 다시
읽다 보면 듣기와 말하기 실력을 함께 향상시킬 수 있습
니다.

10

맛있는 이야기

각 과의 주제와 관련된 내용의 이야기를 읽고 문제를 풀며 독해 학습을 할 수 있습니다. 문장 중에 핵심 표현이 녹아 있어 자연스럽게 어법 학습이 가능합니다.

맛있는 어법

각 과의 핵심 어법이 체계적으로 정리되어 있으며 「해석하기」와 「중작하기」 문제를 통해 학습 내용을 점검할 수 있습니다.

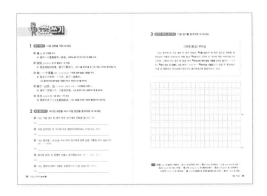

맛있는 쓰기

쓰기 핵심 표현들을 익히고, 배운 표현들을 활용하여 중국어로 일기를 쓰며 쓰기 실력을 향상시킬 수 있습니다.

연습 문제

듣기, 말하기, 읽기, 쓰기 등 다양한 문제로 각 과의 학습 내용을 충분히 복습할 수 있습니다.

중국 문화

각 과의 주제와 관련된 다양한 중국 문화, 단어, 노래 등을 통해 중국어 학습에 재미를 더했습니다.

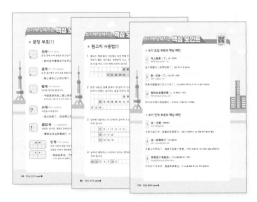

플러스 코너

중국어의 문장 부호, 원고지 사용법, 핵심 패턴, 자주 쓰는 복문 등 작문할 때 필요한 학습 정보를 통해 쓰기 능력을 강화시켜 줍니다.

종합 평가

6단계의 주요 학습 내용으로 문제가 구성되어 있습니다. 문제를 풀며 자신의 실력을 체크해 보세요.

핵심 문장 카드

6단계의 핵심 문장을 정리해 놓았습니다. 녹음을 들으며 중국어가 자연스럽게 나올 때까지 연습해 보세요.

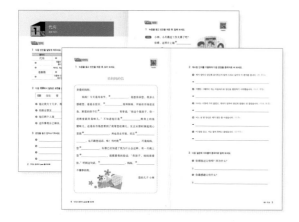

워크북(별책)

빈칸 채우기, 듣고 받아쓰기, 질문에 중국어로 답하기, 중작하기 등 다양한 코너로 학습한 내용을 복습해 보세요.

🎁 무료 콘텐츠

단어 카드(PDF 파일)

각 과의 학습 단어가 정리되어 있습니다. PDF 파일을 다운로드하여 스마트폰 등에 담아 틈틈이 단어를 암기할 수 있습니다.

복습용 워크시트(PDF 파일)

각 과의 학습 단어와 「맛있는 회화」, 「맛있는 듣기」, 「맛있는 듣고 말하기」, 「맛있는 이야기」의 핵심 문장을 써보며 복습할 수 있습니다.

암기 동영상

깜빡이 학습법으로 각 과에 나온 모든 단어를 자동으로 암기할 수 있습니다.

＊ 무료 콘텐츠는 맛있는북스 홈페이지의 「**자료실**」에서 다운로드할 수 있습니다.

MP3 파일 이용법

🎧 MP3 파일 듣는 방법

방법1	방법2
책 속의 **QR 코드**를 **스캔**하면 녹음을 들을 수 있습니다.	**맛있는북스** 홈페이지에 로그인한 후 MP3 파일을 다운로드할 수 있습니다.

🎧 MP3 파일 폴더 구성

1 | **본책** | 본책의 「맛있는 회화」, 「단어」, 「맛있는 듣기」, 「맛있는 듣고 말하기」, 「맛있는 이야기」, 「연습 문제」, 「종합 평가」, 「핵심 문장 카드」 등의 녹음 파일이 들어 있습니다.

* **트랙 번호 보는 방법**   과 번호 ──── 트랙 번호

2 | **트레이닝** | 각 과의 시작 페이지에 있는 **트레이닝 듣기**의 녹음 파일이 들어 있습니다.

3 | **워크북** | 별책으로 제공되는 워크북의 녹음 파일이 들어 있습니다.

4 | **단어 카드** | 무료 콘텐츠로 제공되는 단어 카드의 녹음 파일이 들어 있습니다.

🎧 트레이닝 듣기 MP3 파일 구성

단어	중국어-우리말 듣기 → (한 단어씩) 따라 읽기 → 우리말 듣고 중국어로 말하기
맛있는 회화	중국어 듣기 → (한 문장씩) 따라 읽기 → 우리말 듣고 중국어로 말하기
맛있는 듣기	중국어 듣기 → (한 문장씩) 따라 읽기
맛있는 듣고 말하기	중국어 듣기 → (한 문장씩) 따라 읽기
맛있는 이야기	중국어 듣기 → (한 문장씩) 따라 읽기

본책 🎧 트레이닝 듣기 📓 워크북

단어 카드 ▶️ 암기 동영상 복습용 워크시트

WEEK 01

Day 01	Day 02	Day 03	Day 04	Day 05
월 일	월 일	월 일	월 일	월 일
17~26쪽	27~29쪽	30~33쪽	34~37쪽	38~44쪽
	2쪽	3쪽	4~6쪽	7쪽 📄 1과
🎧 0과	🎧 ▶️ 1과	🎧 ▶️ 1과	🎧 ▶️ 1과	🎧 ▶️ 1과

WEEK 02

Day 06	Day 07	Day 08	Day 09	Day 10
월 일	월 일	월 일	월 일	월 일
45~47쪽	48~51쪽	52~55쪽	56~57쪽	58~62쪽
8쪽	9쪽	10~12쪽	13쪽	📄 2과
🎧 ▶️ 2과	🎧 ▶️ 2과	🎧 ▶️ 2과	🎧 ▶️ 2과	🎧 ▶️ 2과

WEEK 03

Day 11	Day 12	Day 13	Day 14	Day 15
월 일	월 일	월 일	월 일	월 일
63~65쪽	66~69쪽	70~73쪽	74~75쪽	76~80쪽
14쪽	15쪽	16~18쪽	19쪽	📄 3과
🎧 ▶️ 3과	🎧 ▶️ 3과	🎧 ▶️ 3과	🎧 ▶️ 3과	🎧 ▶️ 3과

WEEK 04

Day 16	Day 17	Day 18	Day 19	Day 20
월 일	월 일	월 일	월 일	월 일
81~83쪽	84~87쪽	88~91쪽	92~93쪽	94~98쪽
20쪽	21쪽	22~24쪽	25쪽	📄 4과
🎧 ▶️ 4과	🎧 ▶️ 4과	🎧 ▶️ 4과	🎧 ▶️ 4과	🎧 ▶️ 4과

WEEK 05

Day 21	Day 22	Day 23	Day 24	Day 25
월 일	월 일	월 일	월 일	월 일
99~101쪽	102~105쪽	106~109쪽	110~111쪽	112~116쪽
26쪽	27쪽	28~30쪽	31쪽	5과
5과	5과	5과	5과	5과

WEEK 06

Day 26	Day 27	Day 28	Day 29	Day 30
월 일	월 일	월 일	월 일	월 일
117~119쪽	120~123쪽	124~127쪽	128~129쪽	130~134쪽
32쪽	33쪽	34~36쪽	37쪽	6과
6과	6과	6과	6과	6과

WEEK 07

Day 31	Day 32	Day 33	Day 34	Day 35
월 일	월 일	월 일	월 일	월 일
135~137쪽	138~141쪽	142~145쪽	146~147쪽	148~152쪽
38쪽	39쪽	40~42쪽	43쪽	7과
7과	7과	7과	7과	7과

WEEK 08

Day 36	Day 37	Day 38	Day 39	Day 40
월 일	월 일	월 일	월 일	월 일
153~155쪽	156~159쪽	160~163쪽	164~170쪽	핵심 문장 카드 + 종합 평가
44쪽	45쪽	46~48쪽	49쪽 8과	
8과	8과	8과	8과	

大家好!

여러분, 안녕하세요!

중국어 말하기 실력이 한층 향상되었다면,
이젠 중국인이 어떻게 생각하고 표현하는지
좀 더 깊이 있게 공부해 볼까요?
다양한 주제로 중국인의 사고방식까지 꿰뚫어
중국어로 사고하고 말할 수 있는 능력도 키워 보세요.
자, 이제 동민(东民 Dōngmín), 아메이(阿美 Āměi),
샤오린(小林 Xiǎolín), 빙빙(冰冰 Bīngbīng)과 함께 중국통이 되어 보세요!

◆ **품사 약어표**

품사명	약어	품사명	약어	품사명	약어
명사	명	고유명사	고유	조동사	조동
동사	동	인칭대사	대	접속사	접
형용사	형	의문대사	대	감탄사	감탄
부사	부	지시대사	대	접두사	접두
수사	수	어기조사	조	접미사	접미
양사	양	동태조사	조		
개사	개	구조조사	조		

◆ **고유명사 표기**

① 중국의 지명, 기관 등의 명칭은 중국어 발음을 우리말로 표기하는 것을 원칙으로 했습니다.
단, 우리에게 한자 독음으로 잘 알려진 고유명사는 한자 독음으로 표기했습니다.

예) 北京 Běijīng 베이징   万里长城 Wànlǐ Chángchéng 만리장성

② 인명은 각 나라에서 실제로 읽히는 발음을 우리말로 표기했습니다.

예) 李东民 Lǐ Dōngmín 이동민   张小英 Zhāng Xiǎoyīng 장샤오잉   安娜 Ānnà 안나

START!

0과

5단계
복습

트레이닝 듣기

Track00과

1 不光…而且…

不光/不但/不仅 ＋ A ＋ 而且 ＋ (还/也) ＋ B   A할 뿐만 아니라, 게다가 B하다

不光长得漂亮了，而且性格也活泼了。
외모가 예뻐졌을 뿐만 아니라, 게다가 성격도 활발해졌어요.

2 不管…都…

不管/不论/无论 ＋ 선택문/병렬문/의문사가 있는 의문문 ＋ 都   ～에 관계없이 다 ～하다

不管是逛商店，还是在网上买东西，我都喜欢。
쇼핑하러 다니건, 아니면 인터넷에서 물건을 사건, 나는 다 좋아해요.

3 虽然…可是…

虽然 ＋ A ＋ 可是/但是/不过 ＋ B   비록 A지만, 그러나 B하다

虽然工资不高，可是花钱的地方却很多。
비록 월급은 많지 않지만, 돈을 쓰는 곳은 오히려 많아요.

4 既…又…

既/又 ＋ 동사/형용사 ＋ 又 ＋ 동사/형용사   ～하기도 하고 ～하기도 하다

这样既简单又好吃的鸡蛋炒饭就做好了！
이러면 간단하기도 하고 맛있기도 한 계란볶음밥이 완성돼요!

5 除了…以外

① 除了 ＋ A ＋ (以外) ＋ 还/也   A외에도, 또 [A를 포함한 채 다른 것을 첨가함]

除了中国菜，我还吃过泰国菜。 중국요리 외에도, 나는 또 태국 요리를 먹어 봤어요.

② 除了 ＋ A ＋ (以外) ＋ 都   A를 제외하고, 모두 [A를 배제한 나머지 다른 것을 의미함]

除了星期天以外，我都起得很早。 일요일을 제외하고, 나는 모두 일찍 일어나요.

6 越…越…

越 + A + 越 + B   A할수록 점점 B하다

两个人越聊越投机。두 사람은 이야기를 할수록 점점 더 말이 잘 통했어요.

7 说…就…

说 + A[동사 做, 干, 来, 走, 去 등] + 就 + A   A한다고 말한 김에 바로 A한다

说做就做。말이 나온 김에 바로 해요.

8 只有

① (단지) ~만 있다

冰箱里只有几个鸡蛋。냉장고에는 단지 계란 몇 개만 있어요.

② 只有 + A + 才   오직 A여야만 (비로소 ~할 수 있다)

你只有这样做才能解决问题。당신은 이렇게 해야만 문제를 해결할 수 있어요.

9 要不

要不/要不然/不然 + 구/절   (만약) 그렇지 않으면 ~하다

我要回家了，要不我老公会生气的。나는 집에 가야 해요. 그렇지 않으면 남편이 화낼 거예요.

10 不出来

동사[认, 看, 听, 喝, 吃 등] + 不出来   ~를 변별해 낼 수 없다

如果她不介绍自己，我都认不出来了。
만약 그녀가 자기소개를 하지 않았다면, 나는 알아볼 수 없었어요.

11 起来

동사 + 起来   동작이나 변화의 시작을 나타냄

一玩儿起来能玩儿到凌晨两三点。놀기 시작하면 새벽 두세 시까지 놀 수 있어요.

12 下来

동사 + 下来   동작이 높은 곳에서 낮은 곳으로 이동, 먼 곳에서 가까운 곳으로 이동

我心想终于可以坐下来睡觉了。 나는 마음속으로 드디어 앉아서 잘 수 있겠다고 생각했어요.

13 看不上

동사 + 不上   ~하지 못하다

看 + 不上   마음에 들지 않다

工资高的公司看不上我。 월급이 많은 회사는 나를 마음에 들어 하지 않아요.

14 得要命

동사/형용사 + 得 + 要命   심하다, 지독하다 [동작이나 상태의 정도가 최고점]

我每天忙得要命。 나는 매일 엄청나게 바빠요.

15 得受不了

부정적 의미의 형용사 + 得 + 受不了   ~해서 참을 수가 없다, ~해서 견딜 수 없다

这次疼得受不了了。 이번에는 아파서 참을 수가 없어요.

16 得+정도보어

동사/형용사[원인] + 得 + 정도보어[결과]   ~해서 ~하다

吵得我睡不着。 시끄러워서 나는 잠을 잘 수 없어요.

17 掉

동사[주로 1음절 동사] + 掉   ~해 버리다

以前我的智齿发炎过，医生让我拔掉它。
예전에 나의 사랑니에 염증이 생긴 적이 있었는데, 의사가 나에게 그것을 뽑아 버리라고 했어요.

18 变

变 + 동사/형용사　　~하게 변하다, ~해지다

不到半年，我就变胖了。 반년이 채 안 돼서, 나는 뚱뚱해졌어요.

19 差点儿

① 差点儿(没) + 동사[희망하지 않는 일]　　[희망하지 않는 일이 일어나지 않아서 다행스러움]

今天起晚了，差点儿没迟到。 오늘 늦게 일어나서, 하마터면 지각할 뻔했어요. [지각하지 않음]

② 差点儿 + 동사[희망하는 일]　　[희망하는 일이 일어나지 않아서 유감스러움]

我差点儿毕业了。 나는 졸업할 뻔 했어요. [졸업하지 못함]

③ 差点儿 + 没 + 동사[희망하는 일]　　[다행히 희망하는 일이 일어남]

我差点儿没毕业。 나는 졸업하지 못할 뻔했어요. [졸업함]

20 好不容易

好 + (不) + 2음절 형용사　　매우, 아주 [긍정적, 감탄의 어기]
好 + (不) + 容易　　겨우, 간신히 [부정적, 매우 쉽지 않음]

我好不容易弄到了复习资料。 나는 간신히 복습할 자료를 구했어요.

21 原来

① 원래 : 这条裤子原来挺合适的，可是现在穿不了了。
　　　　이 바지는 원래 잘 맞았는데, 지금은 입을 수 없어요.

② 알고 보니 : 原来他是个花心大萝卜。 알고 보니 그는 바람둥이였어요.

22 幸好

幸好/幸亏 + A + (才/不然/要不)　　다행히 A하다 (그렇지 않았으면)

幸好父母一直鼓励我，让我别着急。
다행히 부모님께서 계속 격려해 주시며, 나에게 조급해하지 말라고 하세요.

23 难道

难道 + A + 吗/不成?   A일 리는 없겠지?, 설마 A하겠는가?

难道我真的找不到这样的工作吗?   설마 내가 정말 이런 직장을 못 구할까요?

24 白

白 + 동사/형용사   헛되이 ~하다

那我一个月的努力就白费了。   그럼 내 한 달간의 노력이 헛수고가 돼요.

25 嫌

嫌 + 동사/형용사/명사   ~를 싫어하다

他一点儿也没嫌麻烦。   그는 번거로운 것을 조금도 싫어하지 않았어요.

26 懒得

懒得 + 동사   ~할 마음이 나지 않는다, ~하기 싫다

我平时下班晚，懒得去健身房。   나는 평소에 늦게 퇴근해서 헬스장에 가기 싫어요.

27 不如

①   A + 不如 + B   A는 B만 못하다 [B가 나음]

她太麻烦，带她去不如我一个人去。
그녀는 너무 귀찮아서, 그녀를 데려가는 것은 나 혼자 가는 것만 못해요.

②   A + 不如 + B + 술어   A는 B만큼 ~지 않다

自助游不如跟团游便宜。   자유 여행은 패키지여행만큼 싸지 않아요.

♦ 표시된 부분을 제시된 단어로 교체 연습을 하며 5단계의 주요 회화를 복습해 보세요.

1 인사 나누기

A 电话怎么打不通?
Diànhuà zěnme dǎ bu tōng?
전화는 왜 연락이 안 되는 거예요?

B **我换号码了。**
Wǒ huàn hàomǎ le.
나는 번호를 바꿨어요.

Track00-01

❶ 我的手机丢了。
Wǒ de shǒujī diū le.
내 핸드폰을 잃어버렸다.

❷ 我的手机没电了。
Wǒ de shǒujī méi diàn le.
내 핸드폰은 배터리가 나갔다.

2 하루 일과 묻고 답하기

A 你晚上干什么?
Nǐ wǎnshang gàn shénme?
당신은 저녁에 뭐 해요?

B 玩儿游戏，玩儿到凌晨两三点。
Wánr yóuxì, wánrdào língchén liǎng-sān diǎn.
게임 해요. 새벽 두세 시까지 해요.

Track00-02

❶ 写论文 논문을 쓰다 /
xiě lùnwén

凌晨一两点 새벽 한두 시
língchén yī-liǎng diǎn

❷ 看电视剧 드라마를 보다 /
kàn diànshìjù

晚上十二点 밤 열두 시
wǎnshang shí'èr diǎn

3 기분 말하기

A 我看你心情不好，怎么了?
Wǒ kàn nǐ xīnqíng bù hǎo, zěnme le?
보아하니 당신은 기분이 좋지 않은 것 같은데, 왜 그래요?

B **我跟男朋友吵了一架。**
Wǒ gēn nánpéngyou chǎole yí jià.
나는 남자 친구와 한바탕 싸웠어요.

Track00-03

❶ 烦死了，要做的事太多。
Fán sǐ le, yào zuò de shì tài duō.
짜증 나 죽겠다. 해야 할 일이 너무 많다.

❷ 第一天上班，我很紧张。
Dì-yī tiān shàng bān, wǒ hěn jǐnzhāng.
첫 출근이라, 나는 매우 긴장된다.

4 음식 맛 말하기

Track00-04

A 我点的菜怎么样?
Wǒ diǎn de cài zěnmeyàng?
내가 주문한 음식 어때요?

B 做得真嫩, 口感特别好。
Zuò de zhēn nèn, kǒugǎn tèbié hǎo.
정말 부드럽게 만들었네요. 식감도 매우 좋아요.

❶ 太淡了, 想放点儿盐。
Tài dàn le, xiǎng fàng diǎnr yán.
너무 싱거워서 소금을 좀 넣고 싶다.

❷ 整天吃这些, 有点儿腻。
Zhěngtiān chī zhèxiē, yǒudiǎnr nì.
하루 종일 이것들을 먹으니 좀 느끼하다.

5 인물의 외모 설명하기

Track00-05

A 姜教授是哪一位?
Jiāng jiàoshòu shì nǎ yí wèi?
장 교수님이 어느 분이세요?

B 戴一副眼镜、穿一套灰色西装的。
Dài yí fù yǎnjìng, chuān yí tào huīsè xīzhuāng de.
안경 쓰고, 회색 양복을 입으신 분이요.

❶ 穿着西装、个子很高的。
Chuānzhe xīzhuāng, gèzi hěn gāo de.
양복을 입고 있고, 키가 큰 분이다.

❷ 长发、瘦瘦的那位。
Cháng fà, shòushòu de nà wèi.
긴 머리에, 마른 저 분이다.

6 취미 말하기

Track00-06

A 你有什么爱好?
Nǐ yǒu shénme àihào?
당신은 무슨 취미가 있어요?

B 看电视, 有很多节目可以选择。
Kàn diànshì, yǒu hěn duō jiémù kěyǐ xuǎnzé.
텔레비전 보는 거요. 프로그램이 많이 있어서 선택할 수 있잖아요.

❶ 做菜, 我做得非常好。
Zuò cài, wǒ zuò de fēicháng hǎo.
요리하는 것, 나는 요리를 매우 잘한다.

❷ 买东西, 不过这很费钱。
Mǎi dōngxi, búguò zhè hěn fèi qián.
물건을 사는 것, 그런데 이것은 돈이 많이 든다.

7 약속 취소하기

Track00-07

A 你怎么还没来？就差你了。
Nǐ zěnme hái méi lái? Jiù chà nǐ le.
당신은 왜 아직 안 와요? 당신만 빠졌어요.

B 我去不了了，因为地铁出故障了。
Wǒ qù bu liǎo le, yīnwèi dìtiě chū gùzhàng le.
나는 못 갈 것 같아요. 왜냐하면 지하철이 고장 나서요.

❶ 我突然有了急事儿
wǒ tūrán yǒule jí shìr
나는 갑자기 급한 일이 생겼다

❷ 现在车堵得太厉害
xiànzài chē dǔ de tài lìhai
지금 차가 너무 막힌다

8 날씨 말하기

Track00-08

A 明天天气怎么样？
Míngtiān tiānqì zěnmeyàng?
내일 날씨는 어때요?

B 雾霾很严重，太可怕了。
Wùmái hěn yánzhòng, tài kěpà le.
미세먼지가 매우 심해요. 너무 무서워요.

❶ 最高气温有三十八度。
Zuì gāo qìwēn yǒu sānshíbā dù.
최고 기온이 38도다.

❷ 早晚凉，白天热。
Zǎowǎn liáng, báitiān rè.
아침과 저녁에는 쌀쌀하고, 낮에는 덥다.

9 상태 말하기

Track00-09

A 对着台历发什么呆呀？
Duìzhe táilì fā shénme dāi ya?
탁상 달력을 마주하고 뭘 그리 멍하니 있어요?

B 我在数还有几天发工资。
Wǒ zài shǔ hái yǒu jǐ tiān fā gōngzī.
나는 며칠 더 있어야 월급을 받는지 세고 있어요.

❶ 我在想明天的考试。
Wǒ zài xiǎng míngtiān de kǎoshì.
나는 내일 시험을 생각하고 있어요.

❷ 我在看什么时候放假。
Wǒ zài kàn shénme shíhou fàng jià.
나는 언제 방학하는지 보고 있어요.

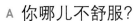

10 병의 증상 말하기

Track00-10

A 你哪儿不舒服?
Nǐ nǎr bù shūfu?
당신은 어디가 불편하세요?

B 最近胃疼得厉害，有点儿恶心。
Zuìjìn wèi téng de lìhai, yǒudiǎnr ěxin.
요즘 위가 심하게 아프고, 속이 좀 메스꺼워요.

❶ 牙疼得受不了。
Yá téng de shòu bu liǎo.
이가 아파서 참을 수 없다.

❷ 流鼻涕，嗓子疼。
Liú bítì, sǎngzi téng.
콧물이 나고, 목이 아프다.

11 학교 생활에 대해 말하기

Track00-11

A 你得了奖学金，有什么秘诀吗?
Nǐ déle jiǎngxuéjīn, yǒu shénme mìjué ma?
당신은 장학금을 받았는데, 무슨 비결이 있나요?

B 哪儿啊，是我运气好。
Nǎr a, shì wǒ yùnqi hǎo.
아니요, 나는 운이 좋았어요.

❶ 整天泡在图书馆里学习。
Zhěngtiān pàozài túshūguǎn li xuéxí.
온종일 도서관에 틀어 박혀 공부한다.

❷ 我最近在上培训班。
Wǒ zuìjìn zài shàng péixùnbān.
나는 요즘 학원에 다닌다.

12 성과 말하기

Track00-12

A 我终于找到工作了!
Wǒ zhōngyú zhǎodào gōngzuò le!
나 드디어 취직했어요!

B 恭喜你啊! 真是功夫不负有心人。
Gōngxǐ nǐ a! Zhēnshi gōngfu bú fù yǒuxīnrén.
축하해요! 정말 노력은 뜻 있는 사람을 저버리지 않는군요.

❶ 通过面试
tōngguò miànshì
면접에 통과하다

❷ 拿到驾照
nádào jiàzhào
운전면허를 따다

START!

代沟

세대 차이

트레이닝 듣기

Track01과

代沟
Dàigōu

妈妈　小林，小月最近工作
　　　Xiǎolín, Xiǎoyuè zuìjìn gōngzuò

　　　太累了吧?
　　　tài lèi le ba?

　　　你看，这照片上她都
　　　Nǐ kàn, zhè zhàopiàn shang tā dōu

　　　瘦得皮包骨了。
　　　shòu de pí bāo gǔ le.

小林　妈，那哪儿是小月啊?
　　　Mā, nà nǎr shì Xiǎoyuè a?

　　　我还没来得及告诉您呢，这是我的新女朋友子艺。
　　　Wǒ hái méi láidejí gàosu nín ne, zhè shì wǒ de xīn nǚpéngyou Zǐyì.

妈妈　哎哟，不是我说你，今年你起码❶换了三个女朋友了吧?
　　　Āiyō, bú shì wǒ shuō nǐ, jīnnián nǐ qǐmǎ huànle sān ge nǚpéngyou le ba?

　　　你这样怎么行?
　　　Nǐ zhèyàng zěnme xíng?

- □□ 代沟 dàigōu 📖 세대 차(이)
- □□ 皮包骨 pí bāo gǔ 피골이 상접하다, 몹시 여위다
- □□ 起码 qǐmǎ 📖 적어도, 최소한 📖 최소한의
- □□ 老脑筋 lǎo nǎojīn 낡은 사고방식, 케케묵은 생각

- □□ 再说 zàishuō 📖 다음에 다시 생각하다, 나중에 다시 처리하다 📖 게다가, 더구나
- □□ 在乎 zàihu 📖 마음에 두다, 개의하다
- □□ 总 zǒng 📖 결국, 어쨌든

小林 **妈，现在都这样，您真是老脑筋。**
Mā, xiànzài dōu zhèyàng, nín zhēn shì lǎo nǎojīn.

再说，我才不在乎别人怎么看呢。
Zàishuō, wǒ cái bú zàihu biérén zěnme kàn ne.

妈妈 **那这次总该定下来了吧?**
Nà zhè cì zǒng gāi dìng xiàlai le ba?

小林 **再说吧，要是合得来就交往下去，不好就再换。**
Zàishuō ba, yàoshi hédelái jiù jiāowǎng xiàqu, bù hǎo jiù zài huàn.

妈妈 **看来咱们真是有代沟啊!**
Kànlái zánmen zhēnshi yǒu dàigōu a!

算了，管不了了，你爱怎么样就怎么样吧。
Suànle, guǎn bu liǎo le, nǐ ài zěnmeyàng jiù zěnmeyàng ba.

플러스 TIP

❶ 起码는 '적어도', '최소한'이라는 뜻의 부사로, 일정한 조건에서 가능한 한 가장 적은 한도를 나타내요. 같은 뜻에 至少(zhìshǎo)도 있어요.

☐☐ **合得来** hédelái 휑 (성격, 마음 등이) 잘 맞다, 잘 어울리다　　☐☐ **交往** jiāowǎng 툉 사귀다, 왕래하다

☐☐ **管** guǎn 툉 간섭하다, 관여하다

⎯● 확인 학습 ●⎯○×로 지문 판단하기⎯
❶ 妈妈和小林有代沟。(　　)
❷ 小林打算和子艺结婚。(　　)

Track01-03

STEP 1 녹음을 듣고 다음 질문에 알맞은 답을 고르세요.

❶ A 这个人很有力气

B 这个人力气不大

C 这个人很没有意思

D 这个人不努力

❷ A 很吃惊

B 认为男的家里有很多牛

C 相信男的说的话

D 觉得男的在说大话

❸ A 女的因为钱来找男的

B 钱的事情好说

C 其他的事情不好商量

D 男的答应了女的的要求

Track01-04

□□ 够 gòu 분 제법, 매우[정도가 높거나 비교적 심함]

□□ 没劲 méi jìn 형 재미없다 동 힘이 없다

□□ 通过 tōngguò 개 ~를 통해
　　　　　　　　 동 지나가다, 통과하다

□□ 力气 lìqi 명 힘, 역량

□□ 花园 huāyuán 명 화원

□□ 吹牛 chuī niú 동 허풍을 떨다[= 说大话]

□□ 态度 tàidù 명 태도

□□ 其他 qítā 대 기타, 그 외

□□ 商量 shāngliang 동 상의하다, 의논하다

□□ 答应 dāying 동 동의하다, 허락하다

□□ 要求 yāoqiú 명 요구 동 요구하다

STEP **2** 녹음을 다시 한 번 들으며 빈칸을 채우세요.

❶ 这个人_____, _____也不会。

❷ 男 我们家_____, 还有_____。

女 你吹什么牛!

❸ 男 _____, 只是_____。

女 看来我今天是白来了。

🪭 중국어 표현 속으로

귀한 자식 매 한 대 더 때린다

귀한 자식이라고 떠받들어 키우지 않고 잘못한 일이 있으면 따끔하게 혼내는 경우에 '귀한 자식 매 한 대 더 때린다'라고 하죠. 이 말은 중국어로 하면 '打是亲, 骂是爱(dǎ shì qīn, mà shì ài)'라고 하는데요, '때리는 것은 아끼는 것이고, 야단치는 것은 사랑이다'라는 뜻이에요. '打是亲, 骂是爱'는 부모 자식 간의 관계보다 더 폭넓은 관계에 쓰여요. 가족과 관련된 표현에는 '不打不成才(bù dǎ bù chéng cái 때리지 않으면 재목이 되지 않는다)', '掌上明珠(zhǎngshàng míngzhū 애지중지하는 딸)', '有其父必有其子(yǒu qí fù bì yǒu qí zǐ 그 아버지에 그 아들)' 등이 있어요.

爆炸头

STEP 1 녹음을 듣고 제시된 문장과 내용이 일치하는지 ○×로 표시하세요.

① 阿美的父母不喜欢她赶时髦。 (　　)

② 如果阿美不换回原来的发型就不能回家了。 (　　)

③ 阿美让父母改变了想法。 (　　)

STEP 2 녹음 내용에 근거하여 다음 질문에 중국어로 답하세요.

① 阿美的父母看不惯她什么? 🎤 _____

② 阿美家为什么 "爆炸" 了? 🎤 _____

③ 阿美为什么又去了理发店? 🎤 _____

阿美喜欢_____，流行什么就追求什么。阿美的父母很_____，经常批评她。有一次，阿美烫了一个_____，这下她家可真"爆炸"了。父母_____对阿美说："_____，就别回家！"阿美想父母真是老土，_____。可是没办法，为了不被父母赶出家门，阿美只好又去了理发店。

단어

Track01-06

☐☐ 爆炸头 bàozhàtóu 圀 곱슬곱슬하게 파마한 머리, 폭탄 머리

☐☐ 赶 gǎn 图 뒤쫓다, 따라가다, 내쫓다, 쫓아내다

☐☐ 追求 zhuīqiú 图 추구하다

☐☐ 看不惯 kàn bu guàn 눈에 거슬리다, 마음에 들지 않다

☐☐ 批评 pīpíng 图 혼내다, 비난하다

☐☐ 烫 tàng 图 파마하다

☐☐ 爆炸 bàozhà 图 작렬하다, 폭발하다

☐☐ 发型 fàxíng 圀 헤어스타일

☐☐ 老土 lǎotǔ 圀 촌뜨기, 시골뜨기

☐☐ 跟不上 gēn bu shàng 따라갈 수 없다, 따라잡을 수 없다

☐☐ 时代 shídài 圀 시대

☐☐ 赶出 gǎnchū 내쫓다, 내몰다

☐☐ 理发店 lǐfàdiàn 圀 이발소, 미용실

☐☐ 改变 gǎibiàn 图 변하다, 바꾸다

☐☐ 想法 xiǎngfǎ 圀 생각, 의견

给妈妈的信
Gěi māma de xìn

亲爱的妈妈：
Qīn'ài de māma:

妈妈！今天是母亲节，我写这封信，是想告诉您，我多么感
Māma!　Jīntiān shì Mǔqīn Jié, wǒ xiě zhè fēng xìn, shì xiǎng gàosu nín, wǒ duōme gǎn

谢您。爸爸去世后，您为了养活我和妹妹，开始在市场里卖鱼。
xiè nín.　Bàba qùshì hòu, nín wèile yǎnghuo wǒ hé mèimei, kāishǐ zài shìchǎng li mài yú.

班里的孩子们一直嘲笑我，常常说："你这个臭孩子，你一进教室
Bān li de háizimen yìzhí cháoxiào wǒ, chángcháng shuō: "Nǐ zhège chòu háizi, nǐ yí jìn jiàoshì

就有臭味儿。"不知道他们是真的闻到了我身上的鱼腥味儿，还是
jiù yǒu chòu wèir."　Bù zhīdào tāmen shì zhēnde wéndàole wǒ shēnshang de yú xīngwèir, háishi

在市场里看到了我帮您收摊儿。反正❶从那时候起我心里就开始
zài shìchǎng li kàndàole wǒ bāng nín shōu tānr.　Fǎnzhèng cóng nà shíhou qǐ wǒ xīnli jiù kāishǐ

埋怨您了，再也没去市场，而且故意不听您的话，也不跟您说话。
mányuàn nín le, zài yě méi qù shìchǎng, érqiě gùyì bù tīng nín de huà, yě bù gēn nín shuō huà.

唉！当时我真不懂事。可是妈妈，您一直包容我，好像已经知道
Āi!　Dāngshí wǒ zhēn bù dǒng shì.　Kěshì māma, nín yìzhí bāoróng wǒ, hǎoxiàng yǐjīng zhīdào

了我为什么会这样。有一天晚上您以为❷我睡着了，就摸着我的
le wǒ wèishénme huì zhèyàng.　Yǒu yì tiān wǎnshang nín yǐwéi wǒ shuìzháo le, jiù mōzhe wǒ de

脸说："乖孩子，妈妈很爱你。"听到这句话，我忍不住❸哭了。
liǎn shuō: "Guāi háizi, māma hěn ài nǐ."　Tīngdào zhè jù huà, wǒ rěn bu zhù kū le.

妈妈，请您原谅不懂事的我。
Māma, qǐng nín yuánliàng bù dǒng shì de wǒ.

您的儿子 小林
nín de érzi　Xiǎolín

1 본문의 내용에 근거하여 다음 질문에 중국어로 답하세요.

❶ 小林为什么给妈妈写这封信? 🎤 _____

❷ 小林的妈妈是怎么养活他和妹妹的? 🎤 _____

❸ 小林为什么忍不住哭了? 🎤 _____

2 녹음을 듣고 본문과 일치하면 ○, 일치하지 않으면 ×를 표시한 후, 녹음 내용을 빈칸에 쓰세요.

Track01-08

❶ ☐ 爸爸去世后，妈妈_____我和妹妹。

❷ ☐ 因为妈妈常常_____，所以我开始_____妈妈了。

❸ ☐ 当时我_____，可是妈妈一直_____。

단어

Track01-09

☐☐ 亲爱 qīn'ài 혱 친애하다, 사랑하다

☐☐ 母亲节 Mǔqīn Jié 몡 어머니날

☐☐ 封 fēng 얭 통, 꾸러미[밀봉한 물건을 세는 단위]

☐☐ 多么 duōme 튀 얼마나

☐☐ 去世 qùshì 됭 세상을 떠나다, 사망하다

☐☐ 养活 yǎnghuo 됭 양육하다, 부양하다

☐☐ 市场 shìchǎng 몡 시장

☐☐ 班 bān 몡 반[학급]

☐☐ 嘲笑 cháoxiào 됭 비웃다

☐☐ 臭 chòu 혱 (냄새가) 지독하다, 구리다

☐☐ 腥 xīng 혱 비리다

☐☐ 收摊儿 shōu tānr 됭 노점을 거두다

☐☐ 反正 fǎnzhèng 튀 어쨌든, 아무튼, 어차피

☐☐ 起 qǐ 됭 (~부터) 시작하다

☐☐ 埋怨 mányuàn 됭 원망하다, 불평하다

☐☐ 故意 gùyì 튀 고의로, 일부러

☐☐ 听话 tīng huà 됭 말을 듣다, 순종하다

☐☐ 当时 dāngshí 몡 당시, 그때

☐☐ 懂事 dǒng shì 됭 철이 들다, 세상 물정을 알다

☐☐ 包容 bāoróng 됭 포용하다, 감싸 주다

☐☐ 摸 mō 됭 쓰다듬다, 어루만지다

☐☐ 乖 guāi 혱 착하다, 얌전하다

☐☐ 忍不住 rěn bu zhù 참을 수 없다, 견딜 수 없다

☐☐ 原谅 yuánliàng 됭 용서하다

1 反正从那时候起我心里就开始埋怨您了。

어쨌든 그때부터 저는 마음속으로 당신을 원망하기 시작했습니다.

反正은 '어쨌든', '아무튼', '어차피'라는 뜻으로, 어떤 상황에도 결과는 변하지 않음을 나타낼 때 주로 无论(wúlùn)이나 不管, 상반되는 두 상황을 나타내는 표현과 함께 씁니다. 또한 어떤 상황이나 원인을 설명할 때, 또는 단호한 어기를 나타낼 때도 사용합니다.

你去不去都没关系，反正我要去。 당신이 가든 안 가든 다 상관없어요. 어쨌든 나는 갈 거예요.

不管你怎么说，反正事情已经这样了。 당신이 어떻게 말하든, 어차피 일은 이렇게 되었어요.

해석하기 不管结果怎么样，反正你一定要参加这次比赛。

➡ _____

중작하기 천천히 복습해도 돼요. 어차피 시험까지 한 달 남았잖아요.

➡ _____

2 有一天晚上您以为我睡着了。

어느 날 밤 당신은 제가 잠든 줄 아셨습니다.

以为는 '~라고 여기다', '~라고 생각하다'라는 뜻의 동사로, 대게 자신의 판단이 사실과 다를 때 사용합니다. 사실 여부에 상관없이 단순히 자신의 견해나 판단을 말할 때는 认为를 사용합니다.

我一直以为他喜欢我，但是原来他喜欢的是我朋友。
나는 계속 그가 나를 좋아한다고 생각했는데, 알고 보니 그가 좋아한 사람은 내 친구였어요.

你这样的态度会让他们以为你看不起他们。
당신의 이런 태도는 그들로 하여금 당신이 자신들을 깔본다고 여기게 해요.

我认为你不该用这样的态度对他。 나는 당신이 이런 태도로 그를 대해서는 안 된다고 생각해요.

我以为我可以让他改变想法。

➡ _____

나는 줄곧 그가 한 말이 다 맞는 줄 알았습니다.

➡ _____

3 听到这句话，我忍不住哭了。
이 말을 듣고, 저는 참지 못하고 울었습니다.

忍不住는 '참을 수 없다', '견딜 수 없다'라는 뜻으로 사람에게만 쓸 수 있으며, 동사나 절이 목적어로 올 수 있습니다. 반대 표현은 忍得住를 써서 '참을 수 있다', '견딜 수 있다'라는 의미를 나타냅니다.

他戒了一个月的烟，但是今天忍不住又抽了。
그는 한 달 동안 담배를 끊었는데, 오늘은 참을 수 없어서 또 피웠어요.

这里的洗手间都满了，你忍得住吗？ 여기 화장실은 다 찼어요. 당신은 참을 수 있겠어요?

TIP 忍不住의 住는 결과보어로, 동사 뒤에 쓰여 주로 견고함, 안정됨을 나타내거나 멈춤 또는 정지를 나타냅니다.

他看完那部电影以后，忍不住哭了。

➡ _____

엄마는 화내실 때, 항상 참지 못하고 큰 소리(大声)로 말하십니다.

➡ _____

단어 看不起 kànbuqǐ 屬 경시하다, 얕보다, 깔보다 ┃ 满 mǎn 屬 가득 차다, 꽉 차다 ┃ 大声 dàshēng 큰 소리

1 표현 익히기 다음 표현을 익혀 보세요.

❶ 隔 gé 동 간격을 두다
　예 每隔一个星期就写一封信。 일주일 걸러 한 번씩 편지 한 통을 써요.

❷ 刚好 gānghǎo 형 딱 알맞다 부 마침
　예 我去找他的时候，他刚好要出门。 내가 그를 찾아갔을 때, 그는 마침 나가려던 참이었습니다.

❸ 给…一个惊喜 gěi…yí ge jīngxǐ ～에게 깜짝 놀랄 기쁨을 주다
　예 我为了给爷爷一个惊喜，织了一条围巾。
　　 나는 할아버지께 깜짝 놀랄 기쁨을 주려고, 목도리 하나를 짰어요.

❹ 除了…以外，还… chúle…yǐwài, hái… ～이외에도 또한 ～
　예 我除了汉语以外，还会说日语。 나는 중국어 외에, 일본어도 할 줄 알아요.

❺ 作为 zuòwéi 동 ～로 삼다, ～가 되다
　예 我把今天作为人生新的起点。 나는 오늘을 인생의 새로운 출발점으로 삼겠어요.

2 표현 활용하기 제시된 표현을 써서 다음 문장을 중국어로 써 보세요.

❶ 나는 이틀 걸러 한 번씩 여자 친구에게 전화를 합니다. (隔)
➡ _____

❷ 마침 일주일만 더 지나면 바로 밸런타인데이(情人节)입니다. (刚好)
➡ _____

❸ 나는 꽃다발(一束花)을 사서 여자 친구에게 깜짝 놀랄 기쁨을 주고 싶습니다.
　(给…一个惊喜)
➡ _____

❹ 꽃다발 외에, 또 특별한 선물도 준비했습니다. (除了…以外，还…)
➡ _____

❺ 나는 밸런타인데이 선물로 초콜릿(巧克力)을 샀습니다. (作为)
➡ _____

3 중국어 100% 흡수하기 다음 일기를 중국어로 써 보세요.

그리운(想念) 부모님

나는 중국에 온 지도 벌써 두 달이 되었다. ❶이틀 걸러(隔) 한 번씩 집으로 전화를 해 부모님이 어떻게 지내시는지 여쭤 본다. ❷마침(刚好) 2주만 더 지나면 바로 어버이날(父母节)이다. 그래서 나는 편지 한 통을 써서 ❸부모님께 깜짝 놀랄 기쁨을 드리고 싶다(给…一个惊喜). ❹편지 쓰는 것 외에도, 나는 또(除了…以外, 还…) ❺어버이날 선물로(作为) 찻잎 두 통(两桶茶叶)을 살 계획이다. 부모님께서 받으시고 좋아하셨으면 좋겠다(希望…喜欢).

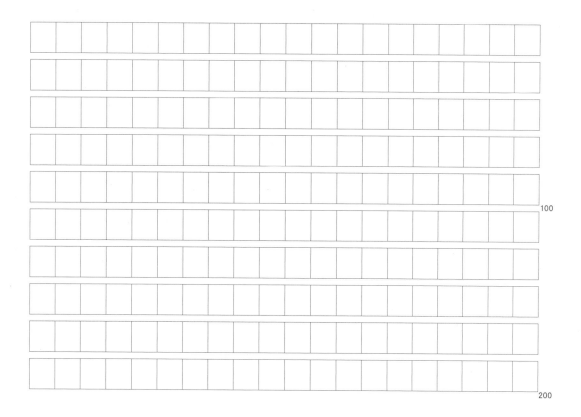

100

200

단어 惊喜 jīngxǐ 형 놀라고 기뻐하다 | 织 zhī 통 방직하다, 짜다 | 围巾 wéijīn 명 목도리 | 人生 rénshēng 명 인생 | 起点 qǐdiǎn 명 기점, 시작점 | 情人节 Qíngrén Jié 명 밸런타인데이 | 想念 xiǎngniàn 통 그리워하다 | 父母节 Fùmǔ Jié 명 어버이날 | 桶 tǒng 양 통[통으로 포장된 물건을 세는 단위] | 茶叶 cháyè 명 찻잎

Track01-10

1 녹음을 듣고 다음 질문에 알맞은 답을 고르세요.

① A 不能吃苦的东西   B 可以吃苦的东西

     C 不能吃苦   D 不怕困难

② A 很努力   B 很认真

     C 很细心   D 很马虎

2 다음 질문에 자유롭게 중국어로 답하세요.

A

B

① 他们家有几代人?

➡ _____

② 请说说你家的情况。

➡ _____

① 你觉得他们之间有什么事?

➡ _____

② 你对你的父母有什么不满?

➡ _____

3 빈칸에 들어갈 알맞은 표현을 고르세요.

❶ 晚点儿睡没关系，＿＿＿＿＿＿明天不上班。

    A 多么   B 反正   C 而且   D 虽然

❷ 喝这么点儿就不行了？我＿＿＿＿＿＿你很能喝呢。

    A 通过   B 看来   C 以为   D 想想

❸ 看到他那么快乐的样子，我也＿＿＿＿＿＿为他高兴。

    A 忍不住   B 忍得住   C 忍不下   D 忍得下

4 제시된 단어를 이용하여 문장을 중국어로 써 보세요.

❶ 이 영화는 내가 적어도 10번은 봤어요. (起码)

➡ ＿＿＿＿＿＿＿＿＿＿＿＿＿＿＿＿＿＿＿＿＿＿＿＿＿＿＿

❷ 내일이 시험인데 지금 복습하면 늦지 않겠어요? (来得及)

➡ ＿＿＿＿＿＿＿＿＿＿＿＿＿＿＿＿＿＿＿＿＿＿＿＿＿＿＿

❸ 당신은 나이가 이렇게 많은데, 어째서 아직도 이렇게 철이 없어요? (不懂事)

➡ ＿＿＿＿＿＿＿＿＿＿＿＿＿＿＿＿＿＿＿＿＿＿＿＿＿＿＿

❹ 그가 사과하지(道歉) 않으면, 나는 그를 용서할 수 없어요. (原谅)

➡ ＿＿＿＿＿＿＿＿＿＿＿＿＿＿＿＿＿＿＿＿＿＿＿＿＿＿＿

단어 独生子女 dúshēng zǐnǚ 외동자녀 ㅣ 吃苦 chī kǔ 동 고생하다 ㅣ 马大哈 mǎdàhā 명 덜렁이 ㅣ
细心 xìxīn 형 세심하다, 꼼꼼하다 ㅣ 马虎 mǎhu 형 소홀하다, 건성으로 하다 ㅣ 代 dài 명 세대 ㅣ
情况 qíngkuàng 명 상황 ㅣ 之间 zhī jiān 사이 ㅣ 不满 bùmǎn 형 불만족하다

중국인의 연애관에도 세대 차이가 있을까?

　서양 문화의 영향을 받아 중국의 전통적인 연애관에도 많은 변화가 생겼어요. 중국의 대학교 캠퍼스나 거리를 거닐다 보면 때와 장소에 상관없이 남녀가 포옹하고 있는 모습을 볼 수 있는데요, 예전에는 상상도 못했지만 지금은 이 정도의 애정 표현은 흔한 일이에요. 다소 나이 드신 분들은 이런 젊은이들을 보며 세대 차이를 느끼기도 해요.

　요즘은 연인이나 부부끼리 챙기는 기념일도 많아졌어요. 밸런타인데이(情人节 Qíngrén Jié)인 2월 14일, 중국의 밸런타인데이인 七夕节(Qīxī Jié 음력 7월 7일)에 남자가 여자에게 고백하거나 초콜릿, 꽃 등을 선물하고, 5월 20일 또는 5월 21일은 중국어의 '我爱你(wǒ ài nǐ 사랑해)'와 발음이 비슷해서 이날도 연인의 날로 연인끼리 서로 선물을 주고받으며 함께 보내요. 이 외에도 100일, 1주년, 결혼 기념일 등을 챙긴답니다.

　또한, 연인뿐만 아니라 솔로들을 위한 날도 있어요. 우리나라에서는 밸런타인데이나 화이트데이 때 초콜릿, 사탕 등을 받지 못한 솔로들은 블랙데이(4월 14일) 때 짜장면을 먹는데요, 중국에는 11월 11일 光棍节(Guānggùn Jié 솔로의 날, 독신자의 날)가 있어요. 光棍은 '솔로'라는 뜻으로, 11월 11일은 반들반들한(光滑 guānghuá) 막대기(棍子 gùnzi)가 네 개 있는 날이라 솔로의 날이 되었다고 하네요.

　중국의 연애 풍속을 나타내는 표현들도 다양해요. 만남에서 결혼까지 번개처럼 빨리 하는 사람들을 가리켜 闪婚族(shǎnhūnzú), 돈이 많은 싱글 남성은 钻石王老五(zuànshí Wánglǎowǔ), 결혼식, 신혼여행, 결혼 반지, 신혼집 없이 혼인신고만 한 채 부부의 연을 맺는 것은 裸婚(luǒhūn)이라고 해요.

◆ **연애 관련 단어**

暧昧 àimèi 썸 타다	单身 dānshēn 독신, 싱글(single)	初恋 chūliàn 첫사랑
约会 yuēhuì 데이트하다	谈恋爱 tán liàn'ài 연애하다	热恋 rèliàn 열애하다
天生一对 tiānshēng yí duì 천생연분	求婚 qiú hūn 청혼하다	倦怠期 juàndàiqī 권태기
出轨 chū guǐ 외도하다	劈腿 pītuǐ 양다리를 걸치다	分手 fēn shǒu 헤어지다

쓰기에 강해지는 핵심 포인트

◆ 문장 부호(1)

句号 (마침표) jùhào
문장 끝에 쓰여 완전한 한 문장이 끝났음을 뜻합니다.

· 他对这件事根本不在乎。 그는 이 일에 대해 전혀 개의치 않아요.

逗号 (쉼표, 콤마) dòuhào
문장 중간에서 쉬어 감을 뜻합니다.

· 路上堵车，让你久等了。 차가 막혀서, 당신을 오래 기다리게 했네요.

顿号 (모점) dùnhào
단어를 열거할 때 씁니다.

· 中国菜讲究色、香、味俱全。
중국요리는 색깔, 향, 맛 모두 갖추는 것을 중요시해요.

问号 (물음표) wènhào
의문을 나타냅니다.

· 我已经到了，你在哪儿? 나는 벌써 도착했는데, 당신은 어디예요?

感叹号 (느낌표) gǎntànhào
감탄문, 반어문, 명령문 등에 씁니다.

· 哪里会有这种事呢! 어디 이런 일이 있을 수 있어요!

引号 (따옴표) yǐnhào
다른 사람의 말을 직접 인용하거나 강조할 때는 큰따옴표(" ")를 쓰고,
인용문 안에서 재인용할 때는 작은따옴표(' ')를 씁니다.

· 她站起来说："老师，'不理不睬'是什么意思?"
그녀는 일어나며 말했어요. "선생님, '不理不睬(모른 체하다)'는 무슨 뜻이에요?"

START!

2과

中国人的文化习惯

중국인의 문화 습관

트레이닝 듣기

Track02과

吃顿便饭
Chī dùn biànfàn

阿美　你的脸色怎么这么难看？
Nǐ de liǎnsè zěnme zhème nánkàn?

东民　昨天晚上喝醉了，
Zuótiān wǎnshang hēzuì le,

好不容易才醒过来❶，
hǎobù róngyì cái xǐng guòlai,

现在头疼得不得了。
xiànzài tóu téng de bùdéliǎo.

阿美　你昨晚不是跟中国客户开会了吗？
Nǐ zuówǎn bú shì gēn Zhōngguó kèhù kāi huì le ma?

东民　是啊，开完会，他们说请我吃顿便饭。
Shì a, kāiwán huì, tāmen shuō qǐng wǒ chī dùn biànfàn.

结果我们六个人点了十几个菜，桌子都摆满了。
Jiéguǒ wǒmen liù ge rén diǎnle shíjǐ ge cài, zhuōzi dōu bǎimǎn le.

- □□ 便饭 biànfàn 명 간단한 식사, 일반 식사
- □□ 醉 zuì 동 취하다
- □□ 醒 xǐng 동 (취기, 마취 등이) 깨다, (잠에서) 깨다
- □□ 不得了 bùdéliǎo 형 (정도가) 심하다
- □□ 客户 kèhù 명 고객, 거래처
- □□ 开会 kāi huì 동 회의하다
- □□ 摆 bǎi 동 배열하다, 진열하다
- □□ 满 mǎn 형 가득 차다, 꽉 차다
- □□ 大饱口福 dà bǎo kǒufú 맛있는 음식을 배불리 먹다
- □□ 根本 gēnběn 부 전혀, 아예

阿美 中国人就是这样，说是"吃顿便饭"，但是会点
Zhōngguórén jiù shì zhèyàng, shuō shì "chī dùn biànfàn", dànshì huì diǎn

很多菜。这下你大饱口福了吧?
hěn duō cài. Zhè xià nǐ dà bǎo kǒufú le ba?

东民 我根本没吃几口，他们不停地敬酒。
Wǒ gēnběn méi chī jǐ kǒu, tāmen bù tíng de jìng jiǔ.

我不喝，他们就不高兴，我只好硬着头皮喝了。
Wǒ bù hē, tāmen jiù bù gāoxìng, wǒ zhǐhǎo yìngzhe tóupí hē le.

阿美 哈哈，在中国人的酒桌上，能喝也得喝，不能喝
Hāhā, zài Zhōngguórén de jiǔzhuō shang, néng hē yě děi hē, bù néng hē

也得喝。
yě děi hē.

东民 是啊，下次我再也不敢和中国人喝酒了。
Shì a, xiàcì wǒ zài yě bùgǎn hé Zhōngguórén hē jiǔ le.

플러스 **TIP**

❶ 여기서 过来는 동사 뒤에 놓여 정상적인 상태로 돌아오거나 더 좋은 상태로 바뀌는 것을 나타내요. 起来는 동작이 시작되어 지속됨을 나타내거나 상태가 발생하고 그 정도가 점점 심화됨을 나타내기 때문에 잘 구분해서 사용해야 해요.

☐☐ 口 kǒu 똉 입, 모금

☐☐ 硬着头皮 yìngzhe tóupí 무리하다, 억지로, 염치 불구하고

☐☐ 酒桌 jiǔzhuō 술상

☐☐ 不敢 bùgǎn 똉 감히 ~하지 못하다

●확인 학습 ● ○×로 지문 판단하기

❶ 东民脸色不好，因为他昨天晚上喝多了。( )

❷ 他们六个人点了二十个菜。( )

STEP 1 녹음을 듣고 다음 질문에 알맞은 답을 고르세요.

❶ A 说话人原来打算去爬山

   B 天气很好，可说话人没去爬山

   C 天气很好，说话人去爬山了

   D 说话人计划明天去爬山

❷ A 小王逛商场的时间不长

   B 小王是个购物狂

   C 男的因为有事不能陪小王逛商场

   D 小王的朋友都很喜欢陪她逛商场

❸ A 关系很好

   B 谁也不认识谁

   C 关系很一般

   D 他们从来不互相帮助

Track02-04

□□ 鬼天气 guǐ tiānqì 변덕스러운 날씨

□□ 爬山 pá shān 등산하다

□□ 泡汤 pào tāng 통 물거품이 되다,
　　　　　　　　　　수포로 돌아가다

□□ 恨不得 hènbude 통 간절히 ~하고 싶다

□□ 整 zhěng 형 전체의, 전부의, 온전하다

□□ 商场 shāngchǎng 명 대형 상가, 쇼핑센터

□□ 添麻烦 tiān máfan 폐를 끼치다, 성가시게 하다
　　* 添 tiān 통 더하다, 덧붙이다

□□ 从来 cónglái 부 지금까지, 여태껏

STEP **2** 녹음을 다시 한 번 들으며 빈칸을 채우세요.

❶ ＿＿＿＿＿＿＿＿＿＿＿＿＿＿＿＿，爬山的事又＿＿＿＿＿了。

❷ 女 小王一逛＿＿＿＿＿＿＿＿＿＿＿＿＿＿＿＿＿，

＿＿＿＿＿＿＿＿把整个商场都买下来。

男 所以我每次都不陪她逛街。

❸ 女 ＿＿＿＿＿＿＿＿＿＿＿，我又给你＿＿＿＿＿＿＿＿！

男 咱俩谁跟谁呀。

🪭 중국어 표현 속으로

정이 깊으면 원샷!

중국 사람들은 술자리에서 상대방에게 술을 권할 때 '感情深一口闷, 感情浅舔一舔(gǎnqíng shēn yì kǒu mēn, gǎnqíng qiǎn tiǎn yi tiǎn)'이라는 말을 자주 써요. 이 말은 '정이 깊으면 원샷하고, 정이 얕으면 입만 대세요'라는 뜻인데요, 상대방이 술잔을 다 비우도록 권하는 표현이죠. '先干为敬(xiān gān wéi jìng)'이라는 말도 있는데요, 먼저 잔을 비워서 상대방에 대한 존경심을 표현한다는 뜻이에요. 옛날에는 술을 마실 때 반드시 주인이 먼저 술잔을 비웠는데요, 이것은 '이 술에는 독이 없으니 안심하고 드세요'라는 의미가 숨어 있었다고 하네요. 요즘은 '내가 당신에 대한 존경심으로 술잔을 비우겠으니 당신도 비워 주세요'라는 의미로 쓰인다고 해요.

Track02-05

搬新家

STEP 1 녹음을 듣고 제시된 문장과 내용이 일치하는지 ○×로 표시하세요.

❶ 阿美刚搬了家，东民要去阿美家做客。 （　　）

❷ 东民原来就知道应该送什么礼物。 （　　）

❸ 东民最喜欢花，所以他打算送阿美一盆花。 （　　）

STEP 2 녹음 내용에 근거하여 다음 질문에 중국어로 답하세요.

❶ 搬家时中国人一般送什么礼物？ 🎤 _____

❷ 搬家时为什么会送火柴？ 🎤 _____

❸ 东民决定送阿美什么礼物？ 🎤 _____

東民的中国朋友阿美_____，所以请东民到新家做客，可是东民不知道_____。别的中国朋友告诉他，中国人一般_____，比如锅、碗、勺子等等；_____，这是祝福主人以后的_____；而且现在的礼物越来越多样化了。东民想，阿美最喜欢花，送她一盆花_____。

단어

Track02-06

- □□ 搬 bān 통 이사하다, 옮겨 가다
- □□ 做客 zuò kè 손님이 되다, 방문하다
- □ 炊具 chuījù 명 취사 도구
- □ 勺子 sháozi 명 국자
- □ 火柴 huǒchái 명 성냥
- □□ 祝福 zhùfú 통 축복하다, 기원하다
- □□ 主人 zhǔrén 명 주인, 손님을 접대하는 사람
- □□ 红火 hónghuo 형 번창하다, 왕성하다
- □□ 多样化 duōyànghuà 다양화(하다)
- □□ 盆 pén 양 대야, 화분 등을 세는 단위
- □□ 再…不过了 zài…búguò le 더할 나위 없이 ~하다

Track02-07

慢慢儿地
Mànmānr de

在中国你常常会听见"慢慢儿地"这个词。吃饭的时候
Zài Zhōngguó nǐ chángcháng huì tīngjiàn "mànmānr de" zhège cí. Chī fàn de shíhou

主人会一直说"慢慢儿吃慢慢儿吃",送客的时候主人绝对不会
zhǔrén huì yìzhí shuō "Mànmānr chī mànmānr chī", sòng kè de shíhou zhǔrén juéduì bú huì

说"快走",一定会跟你说"请慢走",因为跟客人说"快点儿
shuō "Kuài zǒu", yídìng huì gēn nǐ shuō "Qǐng màn zǒu", yīnwèi gēn kèrén shuō "Kuàidiǎnr

快点儿"是没有礼貌的,客人会觉得主人在赶他走。
kuàidiǎnr" shì méiyǒu lǐmào de, kèrén huì juéde zhǔrén zài gǎn tā zǒu.

在日常生活中,中国人也总是"慢慢儿地"。吃饭的时候,
Zài rìcháng shēnghuó zhōng, Zhōngguórén yě zǒngshì "mànmānr de". Chī fàn de shíhou,

中国人格外❶讲究"细嚼慢咽"。情况糟糕的时候,中国人会说
Zhōngguórén géwài jiǎngjiu "xìjiáo mànyàn". Qíngkuàng zāogāo de shíhou, Zhōngguórén huì shuō

"慢慢儿会好的"。要做的事情特别多的时候,中国人仍然❷不
"Mànmānr huì hǎo de".　　Yào zuò de shìqing tèbié duō de shíhou, Zhōngguórén réngrán bù

着急,他们会说"慢慢儿做"、"慢慢儿来"。他们认为这样会
zháo jí, tāmen huì shuō "Mànmānr zuò"、"Mànmānr lái".　　Tāmen rènwéi zhèyàng huì

做得更仔细、更好。
zuò de gèng zǐxì、gèng hǎo.

何必❸那么快呢?除非是火烧眉毛,否则中国人是不会着急
Hébì nàme kuài ne? Chúfēi shì huǒshāo méimao, fǒuzé Zhōngguórén shì bú huì zháo jí

的。但是在讲究效率的现代社会里,中国人其实也渐渐快起来了。
de.　　Dànshì zài jiǎngjiu xiàolǜ de xiàndài shèhuì li, Zhōngguórén qíshí yě jiànjiàn kuài qǐlai le.

1 본문의 내용에 근거하여 다음 질문에 중국어로 답하세요.

❶ 在中国常常会听见哪一个词？　　🎤 _____

❷ 送客的时候，主人会说什么？　　🎤 _____

❸ 情况糟糕的时候，中国人会怎么说？　🎤 _____

2 녹음을 듣고 본문과 일치하면 ○, 일치하지 않으면 ×를 표시한 후, 녹음 내용을 빈칸에 쓰세요.

Track02-08

❶ ☐ _____时，主人跟客人说"快点儿"是_____的。

❷ ☐ 吃饭的时候，中国人_____。

❸ ☐ 事情多的时候，中国人_____，会说"_____"。

단어 ✏️

Track02-09

☐☐ 词 cí 명 단어, 말, 문구

☐☐ 送客 sòng kè 손님을 배웅하다

☐☐ 绝对 juéduì 부 절대, 틀림없이, 완전히

☐☐ 客人 kèrén 명 손님

☐☐ 礼貌 lǐmào 명 예의, 예절 형 예의 바르다

☐☐ 格外 géwài 부 특히, 특별히, 각별히

☐☐ 讲究 jiǎngjiu 동 중요시하다

☐☐ 细嚼慢咽 xìjiáo mànyàn 성 잘 씹어 천천히 삼키다, 음식을 천천히 먹다

☐☐ 情况 qíngkuàng 명 상황

☐☐ 仍然 réngrán 부 여전히, 변함없이, 아직도

☐☐ 仔细 zǐxì 형 세심하다, 꼼꼼하다

☐☐ 何必 hébì 부 구태여 ~할 필요가 있는가, ~할 필요가 없다

☐☐ 除非…否则… chúfēi…fǒuzé… 오직 ~해야 한다, 그렇지 않으면 ~하다

☐☐ 火烧眉毛 huǒshāo méimao 성 발등에 불이 떨어지다, 매우 급박하다

☐☐ 效率 xiàolǜ 명 효율

☐☐ 现代 xiàndài 명 현대

☐☐ 社会 shèhuì 명 사회

☐☐ 渐渐 jiànjiàn 부 점점

1 吃饭的时候，中国人格外讲究"细嚼慢咽"。

밥 먹을 때, 중국인은 특히 '음식을 잘 씹어 천천히 삼키는 것'을 중요시합니다.

格外는 '특히', '특별히', '각별히'라는 뜻으로, 동사나 형용사를 수식합니다. 부정형에는 대부분 이음절 단어가 쓰입니다.

今天看的电影格外悲伤，女孩子们都忍不住哭了。
오늘 본 영화는 특히 슬퍼서 여자아이들은 모두 참지 못하고 울었어요.

那家饭馆的菜格外不新鲜，真不想再去。
그 식당의 음식은 특히 신선하지 않아서 정말 다시 가고 싶지 않아요.

해석하기　她的声音太小，打电话时格外不清楚。

➡ _____

중작하기　비가 오는 날에 운전하면 특히 조심해야 됩니다.

➡ _____

2 中国人仍然不着急。

중국인은 여전히 조급해하지 않습니다.

仍然은 '여전히', '변함없이', '아직도'라는 뜻으로, 동사나 형용사를 수식합니다. 보통 전환을 나타내는 뒷절에 많이 쓰이는데, 그 앞에 可是, 但是, 却 등을 함께 쓰기도 합니다.

结婚以后他仍然想念以前的女朋友。결혼 후에도 그는 여전히 예전 여자 친구를 그리워해요.
说了好几次，他却仍然不听话。여러 번 말했지만, 그는 여전히 말을 듣지 않아요.

TIP '여전히'라는 의미를 나타내는 부사는 还是, 依然(yīrán), 仍旧(réngjiù), 依旧(yījiù) 등이 있습니다.

해석하기 三十年过去了，他仍然住在那个小村子。

➡ _____

중작하기 할머니는 비록 이미 칠십여 세지만, 여전히 등산하는 것을 좋아합니다.

➡ _____

3 何必那么快呢?

구태여 그렇게 서두를 필요가 있습니까?

何必는 '구태여 ~할 필요가 있는가', '~할 필요가 없다'라는 뜻으로, 「何必+동사/형용사」 형식으로 쓰여 반문의 어기를 나타냅니다. 何必 앞에 又를 써서 강조할 수 있고, 또한 「何必+呢」 형식의 단독으로도 쓸 수 있습니다.

为了这点儿小事生气，何必呢? 이렇게 작은 일로 화를 내다니, 구태여 그럴 필요가 있어요?
这件事已经解决了，又何必再提? 이 일은 이미 해결되었는데, 구태여 또 다시 언급할 필요가 있어요?

해석하기 我们都是一家人，何必那么客气?

➡ _____

중작하기 그는 잘못을 알았는데, 구태여 또 화낼 필요가 있습니까?

➡ _____

단어 悲伤 bēishāng 휑 몹시 슬퍼하다 | 新鲜 xīnxiān 휑 신선하다 |
清楚 qīngchu 휑 명확하다, 뚜렷하다 | 过去 guòqu 동 지나다, 지나가다 | 村子 cūnzi 명 마을

1 [표현 익히기] 다음 표현을 익혀 보세요.

❶ 响 xiǎng 图 소리가 나다, 울리다
　예 你的手机响了。 당신의 핸드폰이 울렸어요.

❷ 请 qǐng 图 대접하다, 초대하다(*「请+목적어+동사」형식 : ~에게 ~를 대접하다)
　예 我打算请妈妈吃中国菜。 나는 어머니에게 중국요리를 대접하려고 해요.

❸ 酷爱 kù'ài 图 매우 좋아하다
　예 我从小酷爱音乐。 나는 어릴 때부터 음악을 매우 좋아했어요.

❹ 尤其 yóuqí 图 특히
　예 他的爱好很多，尤其是喜欢画画儿。
　　그는 취미가 매우 많은데, 특히 그림 그리기를 좋아해요.

❺ 受…(的)欢迎 shòu…(de) huānyíng ~에게 인기를 얻다
　예 韩国歌手受中国歌迷的欢迎。 한국 가수는 중국 팬들에게 인기가 있어요.

2 [표현 활용하기] 제시된 표현을 써서 다음 문장을 중국어로 써 보세요.

❶ 핸드폰이 울렸습니다. 친구가 나에게 사진 한 장을 보냈습니다. (响)

➡ _____

❷ 내가 당신에게 저녁을 대접하고 싶습니다. (请)

➡ _____

❸ 그는 등산하는 것을 아주 좋아합니다. (酷爱)

➡ _____

❹ 그녀는 음악을 좋아하는데, 특히 피아노(钢琴)를 잘 칩니다(弹). (尤其)

➡ _____

❺ 남동생은 여자아이에게 매우 인기가 있습니다. (受…欢迎)

➡ _____

3 `중국어 100% 흡수하기` 다음 일기를 중국어로 써 보세요.

내 친구 샤오위(小雨)

    핸드폰이 ❶울렸다(响). 내 중국 친구 샤오위가 나에게 문자 메시지(短信)를 보내서, "내일 저녁에 시간 있니? ❷내가 훠궈를 대접하고 싶은데(A请B…)"라고 물었다. 나는 훠궈를 가장 좋아해서, 곧바로 동의했다(答应).

    샤오위는 북방 남자아이(北方男孩儿)고, 키가 크며, 성격은 매우 외향적이다(外向). 운동하는 것을 ❸아주 좋아하는데(酷爱), ❹특히(尤其) 농구를 아주 잘하고, 많은 여자아이들이 쫓아다닌다. 내일 만나서 이렇게 ❺여자아이에게 인기가 있는(受…欢迎) 비결이 무엇인지 좀 물어봐야겠다.

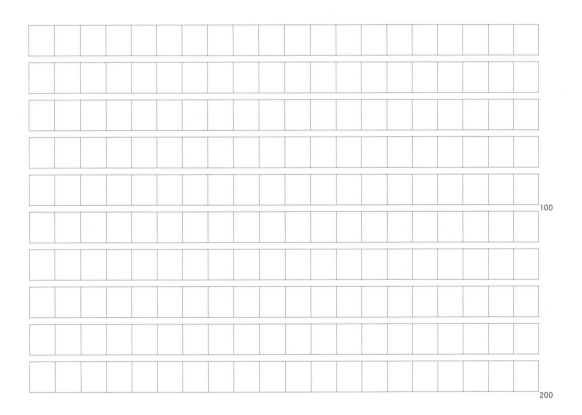

단어 从小 cóngxiǎo 🖳 어릴 때부터 | 画画儿 huà huàr 그림을 그리다 | 歌手 gēshǒu 🖳 가수 | 北方 běifāng 🖳 북방 | 男孩儿 nánháir 🖳 남자아이 | 外向 wàixiàng 🖳 외향적이다

Track02-10

1 녹음을 듣고 다음 질문에 알맞은 답을 고르세요.

① A 他没受伤　　　　　　B 腿受伤了

C 他没死　　　　　　　D 他死了

② A 商店已经关门了

B 晚一会儿去商店没关系

C 说话人想晚点儿去商店

D 说话人担心商店会关门

2 다음 질문에 자유롭게 중국어로 답하세요.

A 　　　　　B

① 他们正在喝什么? 你喜欢喝吗?	① 这是什么菜? 你喜欢吃吗?
➡ ＿＿＿＿＿＿＿＿＿＿＿	➡ ＿＿＿＿＿＿＿＿＿＿＿
② 请说说韩国人的酒文化。	② 请介绍一下你喜欢的韩国菜。
➡ ＿＿＿＿＿＿＿＿＿＿＿	➡ ＿＿＿＿＿＿＿＿＿＿＿

3 빈칸에 들어갈 알맞은 표현을 고르세요.

❶ 这几天一直有雾霾，今天＿＿＿＿＿＿严重。

    A 一般   B 格外   C 常常   D 却

❷ 你放心，咱们的约定＿＿＿＿＿＿有效。

    A 根本   B 再不   C 从不   D 仍然

❸ 百货商店十点开门，现在才八点，＿＿＿＿＿＿去那么早?

    A 应该   B 绝对   C 何必   D 起码

4 제시된 단어를 이용하여 문장을 중국어로 써 보세요.

❶ 그가 깨어나자 사람들은 비로소 안심했습니다. (过来)

➡ ＿＿＿＿＿＿＿＿＿＿＿＿＿＿＿＿＿＿＿＿＿＿＿＿＿

❷ 배가 심하게 아파서 줄곧 잠을 자지 못했습니다. (不得了)

➡ ＿＿＿＿＿＿＿＿＿＿＿＿＿＿＿＿＿＿＿＿＿＿＿＿＿

❸ 차 위에 물건을 가득 싣고(装) 있어서, 우리가 탈 곳이 없습니다. (满)

➡ ＿＿＿＿＿＿＿＿＿＿＿＿＿＿＿＿＿＿＿＿＿＿＿＿＿

❹ 큰비가 내리지 않고서야 기온이 떨어지기(下降) 어렵습니다. (除非…否则…)

➡ ＿＿＿＿＿＿＿＿＿＿＿＿＿＿＿＿＿＿＿＿＿＿＿＿＿

단어 车祸 chēhuò 명 교통사고 | 约定 yuēdìng 명 약정, 약속 | 有效 yǒuxiào 통 유효하다 |
从不 cóng bù 여태까지 ~한 적이 없다 | 装 zhuāng 통 싣다, 넣다 | 下降 xiàjiàng 통 (수량, 정도가) 떨어지다

중국인의 선물 풍속

중국은 4천여 년 역사를 가진 문화 고국이며, 중국인은 예의를 지켜 왕래하는 것을 중요시했어요. 선물할 때도 당연히 유의해야 할 것이 있어요.

'작은 선물이지만 정성은 지극하다(礼轻情义重 lǐ qīng qíngyì zhòng)'라는 말처럼 중국인이 선물할 때 신경을 쓰는 것은 가격이 아니라 선물의 가치예요. 선물할 때 일반적으로 대상과 상황을 고려해야 해요. 다른 집에 손님으로 갈 때는 꽃다발, 과일, 지역 특산품 등을 선물하고, 결혼식, 생일 파티에 갈 때는 보통 축의금을 내요. 신년, 크리스마스 때는 달력, 차, 술과 담배 등을 선물해도 돼요.

'겸손(谦虚 qiānxū)'은 중국인의 전통 미덕이기 때문에 중국인은 선물할 때도 언어적인 표현을 매우 중시해요. 보통 중국인들은 "薄礼。(Bólǐ. 변변찮은 선물이에요.)" 또는 "一点儿 小意思。(Yìdiǎnr xiǎo yìsi. 작은 성의예요.)"라는 말을 자주 하고, 설사 선물의 가격이 비싸다 하더라도 직접적으로 "这是很贵重的东西。(Zhè shì hěn guìzhòng de dōngxi. 이건 아주 귀중한 거예요.)"라고 말하지 않아요.

중국인은 선물을 할 때 짝수로 짝을 이루는 데 유의해요. 즉 선물할 때 홀수로 하지 않아요. 중국에는 '好事成双(hǎoshì chéng shuāng 좋은 일은 동시에 온다)'이라는 말이 있어서 모든 경사에 선물할 때는 짝수로 해요. '4'도 짝수이긴 하지만, 대부분 지역의 사람들은 '四(sì 4)'는 '死(sǐ 죽다)'와 발음이 비슷하게 들려서 불길하다고 여겨요.

이 외에 색도 중요시 생각해요. 빨간색은 기쁨, 평안함, 즐거움을 상징해서 선물할 때 포장이나 축의금의 봉투는 빨간색을 써야 해요.

◆ 선물하기 좋은 중국의 유명 차와 술

西湖龙井
Xīhú lóngjǐng

安溪铁观音
Ānxī tiěguānyīn

黄山毛峰
Huángshān máofēng

普洱茶
pǔ'ěrchá

祁门红茶
Qímén hóngchá

洞庭碧罗春
Dòngtíng bìluóchūn

茅台
máotái

五粮液
wǔliángyè

汾酒
fénjiǔ

泸州老窖
Lúzhōu lǎojiào

剑南春
jiànnánchūn

西凤酒
xīfèngjiǔ

쓰기에 강해지는 핵심 포인트

◆ 문장 부호(2)

分号(반구절점, 세미콜론) fēnhào

병렬 복문에서 나열되는 단문의 멈춤을 나타내거나, 문장을 끊었다가 추가로 설명을 계속할 때 씁니다.

- 坐地铁来，十分钟就到了；坐公交车来，要三十分钟吧。
  지하철을 타고 오면 10분이면 도착하고, 버스를 타고 오면 30분 걸릴 거예요.

冒号(쌍점, 콜론) màohào

질문이나 인용문을 표시하거나 앞 문장이 포함하는 내용을 부연 설명할 때, 또는 편지나 연설 원고의 맨 처음 호칭 뒤에 씁니다.

- 孩子跑过来轻声对我说："妈妈，我想走路回去。"
  아이가 달려와서 조용히 나에게 말했어요. "엄마, 저는 걸어서 돌아갈게요."

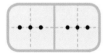

省略号(줄임표) shěnglüèhào

문장에서 생략된 말을 표현합니다.

- 好是好，可是…… 좋긴 좋은데, 하지만……

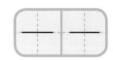

破折号(줄표) pòzhéhào

앞 문장과 배치되는 말을 하거나 부연 설명할 때 씁니다.

- "图"字的繁体字非常难写——"圖"。
  图(도)자의 번체자는 쓰기가 너무 어려워요. ——"圖"

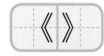

书名号(서명 부호) shūmínghào

문장에서 책, 영화, 노래, 글 제목 등에 씁니다.

- 他喜欢《三国演义》。 그는 ≪삼국지≫를 좋아해요.

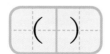

括号(괄호) kuòhào

문장에서 주석 부분을 나타냅니다.

- 我不玩儿博客（blog）。 나는 블로그(blog)를 안 해요.

健康生活

건강한 생활

트레이닝 듣기

Track03과

Track03-01

到处都是压力
Dàochù dōu shì yālì

小林　今天李主任怎么没来上班?
　　　Jīntiān Lǐ zhǔrèn zěnme méi lái shàng bān?

冰冰　哦，她又陪孩子去看
　　　Ò, tā yòu péi háizi qù kàn

　　　心理医生了。
　　　xīnlǐ yīshēng le.

小林　她儿子才多大啊，就要
　　　Tā érzi cái duō dà a, jiù yào

　　　看心理医生?
　　　kàn xīnlǐ yīshēng?

冰冰　刚上高中，听说那孩子最近总是失眠，吃不好，
　　　Gāng shàng gāozhōng, tīng shuō nà háizi zuìjìn zǒngshì shī mián, chī bu hǎo,

　　　睡不好，而且不想学习。
　　　shuì bu hǎo, érqiě bù xiǎng xuéxí.

Track03-02

□□ 到处 dàochù ⑲ 도처, 곳곳

□□ 压力 yālì ⑲ 스트레스, 압박감

□□ 主任 zhǔrèn ⑲ 주임, 팀장

□□ 哦 ò ⑳ 어, 오[납득, 이해 등을 나타냄]

□□ 心理医生 xīnlǐ yīshēng ⑲ 정신과 의사

　　* 心理 xīnlǐ ⑲ 심리

□□ 高中 gāozhōng ⑲ 고등학교

□□ 失眠 shī mián ⑤ 잠을 이루지 못하다,
　　　　　　　　　　불면증에 걸리다

小林　情况这么严重啊！那医生怎么说？
Qíngkuàng zhème yánzhòng a! Nà yīshēng zěnme shuō?

冰冰　医生说，要是不进行治疗，会越来越严重的。
Yīshēng shuō, yàoshi bú jìnxíng zhìliáo, huì yuè lái yuè yánzhòng de.

小林　我以为只有我们大人才会有压力，没想到
Wǒ yǐwéi zhǐyǒu wǒmen dàrén cái huì yǒu yālì, méi xiǎngdào

孩子们的学习压力也不小。
háizimen de xuéxí yālì yě bù xiǎo.

冰冰　是呀，现在的孩子跟我们小时候可❶不一样，
Shì ya, xiànzài de háizi gēn wǒmen xiǎoshíhou kě bù yíyàng,

每天早出晚归的，比我们上班的人还忙。
měi tiān zǎochū wǎnguī de, bǐ wǒmen shàng bān de rén hái máng.

플러스 TIP

❶ 可는 술어나 정도보어 앞에 놓여 어떤 사실을 강조하거나 의문, 반어의 어기를 강조할 때 사용해요. 뒤에 了와 함께 쓰여 정도가 높음을 강조하기도 해요. 또한 「可+동사」 형식으로 쓰이면 '~할 만하다'라는 의미를 나타내기도 해요.
예) 可看 볼 만하다

□□ 治疗 zhìliáo ⑧ 치료하다 　　　□□ 早出晚归 zǎochū wǎnguī
□□ 大人 dàrén ⑲ 어른, 어르신 　　　 ⑳ 아침 일찍 나가서 밤늦게 돌아오다

──● 확인 학습 ●──○×로 지문 판단하기──
❶ 李主任陪孩子去看心理医生了。(　　)
❷ 现在的孩子学习太辛苦了。(　　)

STEP 1 녹음을 듣고 다음 질문에 알맞은 답을 고르세요.

❶ A 说话人没想到小王会生气
  B 说话人不喜欢小王
  C 小王很外向
  D 小王骂了说话人

❷ A 很有能力
  B 工作很努力
  C 喜欢骑马
  D 经常讨好领导

❸ A 很有钱
  B 很爱面子
  C 喜欢吃方便面
  D 喜欢交朋友

□□ 倒 dào 틧 오히려, 도리어[전환을 나타냄]

□□ 晋升 jìnshēng 튕 승진하다

□□ 为 wéi 튕 ~가 되다

□□ 经理 jīnglǐ 톙 사장, 매니저

□□ 拍马屁 pāi mǎpì 아부하다, 아첨하다

□□ 领导 lǐngdǎo 톙 책임자, 보스
              튕 지도하다, 이끌고 나가다

□□ 能力 nénglì 톙 능력

□□ 马 mǎ 톙 말[동물]

□□ 讨好 tǎo hǎo 튕 비위를 맞추다, 환심을 사다

□□ 面子 miànzi 톙 체면

STEP 2 녹음을 다시 한 번 들으며 빈칸을 채우세요.

❶ 我只是＿＿＿＿＿＿＿＿＿＿，他倒＿＿＿＿＿＿。

❷ 男 听说小王晋升为经理了。

　女 ＿＿＿＿＿＿＿，领导＿＿＿＿＿＿＿＿。

❸ 男 昨天小王请朋友们吃饭花了八百多块呢。

　女 ＿＿＿＿＿＿＿＿＿＿＿＿，

　　＿＿＿＿＿＿＿＿＿＿他又要天天吃方便面了。

🪭 중국어 표현 속으로

웃으면 10년이 젊어진다

건강한 생활을 위한 가장 좋은 습관은 무엇일까요? 바로 웃음이죠. '웃으면 복이 온다'라고도 하는데요, 이 말은 중국어 '笑一笑, 十年少；愁一愁, 白了头(xiào yi xiào, shí nián shào; chóu yi chóu, báile tóu)'라고 해요. '웃으면 10년이 젊어지고, 걱정하면 머리가 하얘진다'라는 뜻이에요.
아무리 화가 나도 웃고 있는 사람을 나무랄 수는 없죠. 흔히 '웃는 얼굴에 침 뱉으랴'라는 말을 하는데요, 중국어로는 '伸手不打笑脸人(shēn shǒu bù dǎ xiào liǎn rén)'이라고 해요. 웃는 얼굴을 한 사람 앞에서는 누구나 마음이 약해지게 마련이죠?
이 외에도 건강한 생활을 위한 다양한 표현으로는 '饭后百步走, 活到九十九(fàn hòu bǎi bù zǒu, huódào jiǔshíjiǔ 식사 후에 백 보 걸으면 99세까지 산다)', '吃好睡好, 长生不老(chīhǎo shuìhǎo, cháng shēng bù lǎo 잘 먹고 잘 자면 불로장생한다)' 등이 있어요.

一日三餐

STEP 1 녹음을 듣고 제시된 문장과 내용이 일치하는지 ○×로 표시하세요.

❶ 小林喜欢睡懒觉，所以不在公司吃早餐。 （ 　 ）

❷ 小林的早餐比一般的早餐贵得多。 （ 　 ）

❸ 中国人觉得午饭一定要吃好吃少。 （ 　 ）

STEP 2 녹음 내용에 근거하여 다음 질문에 중국어로 답하세요.

❶ 小林的公司有什么规定？ 　 🎤 ＿＿＿＿＿＿＿＿＿＿＿＿＿＿

❷ 早餐吃保健品、维生素有什么好处？ 🎤 ＿＿＿＿＿＿＿＿＿＿＿＿＿＿

❸ 为什么要重视早餐？ 　 🎤 ＿＿＿＿＿＿＿＿＿＿＿＿＿＿

小林的公司规定不可以在办公室吃早餐，可他又懒得
_____吃早餐。于是各种保健品、维生
素成了他的早餐。这些要比一般的早餐_____，但
小林认为，这样既可以_____，又能_____。
俗话说："_____，_____，_____。"我们一
定要_____，只有吃好早餐，才会有一个健康的身
体。

단어

Track03-06

□□ 一日三餐 yí rì sān cān 하루 세 끼		□□ 倍 bèi 명 배, 곱절
□□ 规定 guīdìng 명 규정 동 규정하다		□□ 节省 jiéshěng 동 절약하다, 아끼다
□□ 办公室 bàngōngshì 명 사무실		□□ 补充 bǔchōng 동 보충하다
□□ 早餐 zǎocān 명 아침 식사		□□ 营养 yíngyǎng 명 영양, 영양분
□□ 各 gè 부 각, 각자		□□ 俗话 súhuà 명 속어, 속담
□□ 保健品 bǎojiànpǐn 명 건강식품		□□ 重视 zhòngshì 동 중시하다
□□ 维生素 wéishēngsù 명 비타민		

Track03-07

减肥
Jiǎn féi

我今年二十二岁，梦想着能拥有模特儿那样的身材。无论❶
Wǒ jīnnián èrshí'èr suì, mèngxiǎngzhe néng yōngyǒu mótèr nàyàng de shēncái. Wúlùn

是杂志上的还是网上的减肥方法，我都试过了。
shì zázhì shang de háishi wǎngshàng de jiǎn féi fāngfǎ, wǒ dōu shìguo le.

先是水果餐，就是一天不吃饭只吃水果的方法。吃了几天，
Xiān shì shuǐguǒ cān, jiù shì yì tiān bù chī fàn zhǐ chī shuǐguǒ de fāngfǎ. Chīle jǐ tiān,

实在是受不了。后来我又试过跑步这样的运动减肥方法，每天运
shízài shì shòu bu liǎo. Hòulái wǒ yòu shìguo pǎo bù zhèyàng de yùndòng jiǎn féi fāngfǎ, měi tiān yùn

动太累了，也没能坚持多长时间。听朋友说吃减肥药比较方便，
dòng tài lèi le, yě méi néng jiānchí duō cháng shíjiān. Tīng péngyou shuō chī jiǎn féi yào bǐjiào fāngbiàn,

中药、西药也都试过了。 结果都是拉了几天肚子以后，弄❷得人
zhōngyào、xīyào yě dōu shìguo le. Jiéguǒ dōu shì lāle jǐ tiān dùzi yǐhòu, nòng de rén

不像人，鬼不像鬼，所以只能又试别的方法了。
bú xiàng rén, guǐ bú xiàng guǐ, suǒyǐ zhǐ néng yòu shì bié de fāngfǎ le.

这样减来减去，不但没怎么瘦，还得了胃病。为了减肥，
Zhèyàng jiǎn lái jiǎn qù, búdàn méi zěnme shòu, hái déle wèibìng. Wèile jiǎn féi,

我现在就差没做吸脂手术了。真希望以胖为❸美的时代能快点儿
wǒ xiànzài jiù chà méi zuò xī zhī shǒushù le. Zhēn xīwàng yǐ pàng wéi měi de shídài néng kuài diǎnr

到来。
dàolái.

1 본문의 내용에 근거하여 다음 질문에 중국어로 답하세요.

❶ 她梦想着什么? 🎙 _____

❷ 吃水果餐减肥结果怎么样? 🎙 _____

❸ 她试过哪些减肥方法? 🎙 _____

2 녹음을 듣고 본문과 일치하면 ○, 일치하지 않으면 ✕를 표시한 후,
녹음 내용을 빈칸에 쓰세요.

Track03-08

❶ ☐ 水果餐减肥的结果是弄得_____, _____。

❷ ☐ 我还试过跑步减肥, _____。

❸ ☐ 我试了各种减肥方法, 不但_____, 还_____。

단어

Track03-09

☐☐ 梦想 mèngxiǎng 동 간절히 바라다 명 꿈

☐☐ 拥有 yōngyǒu 동 소유하다, 가지다

☐☐ 模特儿 mótèr 명 모델

☐☐ 无论 wúlùn 접 ~를 막론하고

☐☐ 杂志 zázhì 명 잡지

☐☐ 水果 shuǐguǒ 명 과일

☐☐ 餐 cān 명 음식, 식사 양 끼니

☐☐ 实在 shízài 부 확실히, 정말, 참으로

☐☐ 跑步 pǎo bù 동 달리다

☐☐ 药 yào 명 약, 약물

☐☐ 中药 zhōngyào 명 한약, 한방약

☐☐ 西药 xīyào 명 양약

☐☐ 拉肚子 lā dùzi 설사하다

☐☐ 鬼 guǐ 명 귀신

☐☐ …来…去 …lái…qù
같은 동작이 끊임없이 반복되는 것을 나타냄

☐☐ 吸脂手术 xī zhī shǒushù 지방 흡입 수술

☐☐ 以…为… yǐ…wéi… ~를 ~로 삼다
~를 ~로 여기다

☐☐ 到来 dàolái 동 도래하다, 닥쳐오다

1 无论是杂志上的还是网上的减肥方法，我都试过了。

잡지나 인터넷에서의 다이어트 방법은 다 관계없이 나는 모두 시도해 봤습니다.

无论은 '~를 막론하고', '~에 관계없이'라는 뜻으로, 「无论+의문사/정반의문문/선택의문문」 형식으로 쓰이며, 흔히 都, 也 등의 부사와 호응합니다.

无论今天天气如何，我们都要去玩儿。오늘 날씨가 어떻든 관계없이 우리는 모두 놀러 갈 거예요.
无论你忙不忙，都要来一趟。당신이 바쁘든 안 바쁘든 관계없이 한 번 다녀가야 해요.

TIP 无论 대신 不论, 不管으로 바꾸어 쓸 수 있습니다.

해석하기 无论身体好还是坏，他都工作到深夜。

➡ _____

중작하기 당신이 나를 사랑하든 사랑하지 않든 관계없이 나는 당신을 사랑합니다.

➡ _____

2 弄得人不像人，鬼不像鬼。

사람 같지도 않고, 귀신 같지도 않은 몰골이 되었습니다.

弄은 '~로 하여금 ~하게 하다', '손에 넣다'라는 뜻입니다. 弄 뒤에는 坏, 错 등의 결과보어가 자주 오는데, '손에 넣다'라는 뜻을 나타낼 때는 주로 到가 옵니다. 「弄+得」 형식은 '~로 하여금 ~하게 하다'라는 의미로, 보통 나쁜 결과를 나타냅니다.

这件事弄得我无话可说。이 일은 내가 뭐라 할 말이 없게 되었어요.
他好不容易弄到了以前的考试资料。
그는 가까스로 이전의 시험 자료를 손에 넣었어요.

해석하기 他把我的手机弄坏了，气死我了。

⇒ _____

중작하기 그 일은 사람들을 모두 매우 불쾌하게(不高兴) 만들었어요.

⇒ _____

3 真希望以胖为美的时代能快点儿到来。

뚱뚱함을 아름다움으로 여기는 시대가 빨리 올 수 있기를 정말 바랍니다.

以…为…는 '~를 ~로 삼다', '~를 ~로 여기다'라는 뜻으로, 以 뒤에는 명사, 구, 절이 올 수 있습니다.

你真了不起! 我们以你为傲。

당신은 정말 대단하네요! 우리는 당신을 자랑스럽게 여겨요.

他以八十年代的中国为背景拍了一部电影。

그는 80년대의 중국을 배경으로 삼아 영화 한 편을 찍었어요.

TIP 以…为主는 '~를 주로 하다', '~를 위주로 하다'라는 뜻으로, 어떤 현상, 특징, 상황 등을 중심에 두는 것을 나타내요.

해석하기 很多家庭以孩子为中心安排生活。

⇒ _____

중작하기 학생은 공부를 위주로 해야 합니다.

⇒ _____

단어 深夜 shēnyè 명 심야, 한밤중 | 无话可说 wúhuà kěshuō 할 말이 없다 |
了不起 liǎobuqǐ 형 대단하다 | 傲 ào 형 자랑스럽다, 교만하다 | 年代 niándài 명 연대, 시기 |
背景 bèijǐng 명 배경 | 家庭 jiātíng 명 가정 | 中心 zhōngxīn 명 중심

1 표현 익히기 다음 표현을 익혀 보세요.

❶ 无意中 wúyìzhōng 무의식 중에, 무심결에

예 我无意中看到了他的日记。나는 무의식 중에 그의 일기를 봤어요.

❷ 鼓动 gǔdòng 통 선동하다, 부추기다(* 부정적인 어감이 아님)

예 家人都鼓动我去相亲。가족들 모두 선을 보러 가라고 나를 부추겨요.

❸ 想起 xiǎngqǐ 생각나다, 생각이 떠오르다

예 吃着中国菜，我突然想起了去年在中国的时候。

중국요리를 먹으면서 나는 갑자기 작년 중국에 있을 때가 생각났어요.

❹ 懒得 lǎnde 통 ~하기 싫다, ~하기 귀찮다

예 这几天太累了，我懒得出门。요 며칠 너무 피곤해서, 나는 외출하기 귀찮아요.

❺ 既…又… jì…yòu… ~하기도 하고 ~하기도 하다

예 她既会书法，又会画画儿。그녀는 서예도 할 줄 알고 그림도 그릴 줄 알아요.

2 표현 활용하기 제시된 표현을 써서 다음 문장을 중국어로 써 보세요.

❶ 거울을 볼(照镜子) 때, 나는 무심결에 흰머리(白头发)를 발견했습니다. (无意中)

➡ _____

❷ 운동하러 가자고 나를 부추기지 마세요. (鼓动)

➡ _____

❸ 나는 그가 내 일을 도와준 적이 있다는 것이 생각났습니다. (想起)

➡ _____

❹ 나는 공부하는 것을 귀찮아하는 사람입니다. (懒得)

➡ _____

❺ 달리기하는 것은 신체 단련(锻炼身体)도 할 수 있고 다이어트도 됩니다. (既…又…)

➡ _____

3 중국어 100% 흡수하기 다음 일기를 중국어로 써 보세요.

다이어트 대작전(大计)

　　아침에 거울을 볼 때, 나는 ❶무심결에(无意中) 뱃살(肚子上的肉)이 점점 늘어나는 것을 발견하고는 깜짝 놀랐다(吓了一跳). 그래서 최근 친구들이 함께 헬스장에 가자고 나를 ❷부추기던(鼓动) 일이 ❸생각났다(想起). 비록 나는 ❹움직이는 것을 귀찮아하는(懒得) 사람이고, 나는 집에서 텔레비전을 보고, 잠자는 것을 제일 좋아하지만, 지금 나는 마음이 조금 흔들린다(动心). 듣자 하니 요가를 하면(练瑜伽) ❺신체 단련도 할 수 있고 다이어트도 할 수 있다(既…又…)고 하던대, 나도 한번 해 보고 싶다.

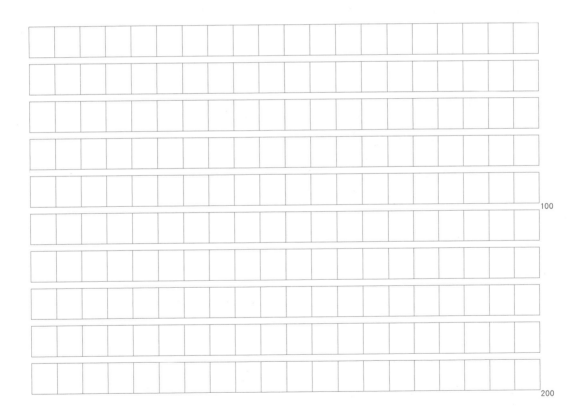

100

200

단어 日记 rìjì 몡 일기 | 书法 shūfǎ 몡 서예 | 照 zhào 동 비추다, 비치다 | 镜子 jìngzi 몡 거울 | 大计 dàjì 몡 중요한 계획, 대작전 | 吓了一跳 xiàle yí tiào 깜짝 놀랐다 | 动心 dòng xīn 동 마음이 움직이다 | 练瑜伽 liàn yújiā 요가를 하다

1 녹음을 듣고 다음 질문에 알맞은 답을 고르세요.

Track03-10

① A 偶尔吃家常菜　　　　　B 一直喜欢吃家常菜

　 C 今天想去饭馆儿吃饭　　D 今天在家吃饭

② A 眼光不错　　　　　　　B 不会买衣服

　 C 喜欢名牌　　　　　　　D 喜欢便宜东西

2 다음 질문에 자유롭게 중국어로 답하세요.

A

B

① 这种运动有什么好处?

➡ _____

① 他为什么看起来很郁闷?

➡ _____

② 健康的生活应该是什么样的?

➡ _____

② 最近你有什么压力吗?

➡ _____

3 빈칸에 들어갈 알맞은 표현을 고르세요.

① 你看你，把房间＿＿＿＿＿＿这么脏，也不收拾一下。

    A 让   B 弄   C 打   D 叫

② ＿＿＿＿＿＿是历史，＿＿＿＿＿＿文化，他都很感兴趣。

    A 不管 / 只是   B 不论 / 也是   C 不光 / 更是   D 无论 / 还是

③ 现代女性追求＿＿＿＿＿＿。

    A 以为瘦美   B 以瘦为美   C 认为美瘦   D 认瘦为美

4 제시된 단어를 이용하여 문장을 중국어로 써 보세요.

① 그는 올해 겨우 스무 살인데, 대학교에서 중국어를 가르칩니다. (才)

  ➡ ＿＿＿＿＿＿＿＿＿＿＿＿＿＿＿＿＿＿＿＿＿＿＿＿＿＿＿

② 채소(蔬菜)든 과일이든 관계없이 당신은 많이 먹어야 합니다. (无论)

  ➡ ＿＿＿＿＿＿＿＿＿＿＿＿＿＿＿＿＿＿＿＿＿＿＿＿＿＿＿

③ 요즘은 기온이 계속 30도 정도예요. 더워서 못 견디겠습니다. (受不了)

  ➡ ＿＿＿＿＿＿＿＿＿＿＿＿＿＿＿＿＿＿＿＿＿＿＿＿＿＿＿

④ 매일 30분씩 꾸준히 운동하면, 몸에 좋습니다. (坚持)

  ➡ ＿＿＿＿＿＿＿＿＿＿＿＿＿＿＿＿＿＿＿＿＿＿＿＿＿＿＿

단어 家常菜 jiāchángcài 몡 집밥 | 吃腻 chīnì (너무 먹어서) 질리다, 싫증 나다 | 下馆子 xià guǎnzi 외식하다 | 偶尔 ǒu'ěr 閉 가끔, 이따금 | 名牌 míngpái 몡 유명 상표, 메이커 | 女性 nǚxìng 몡 여성 | 蔬菜 shūcài 몡 채소

눈 건강을 위한 눈 체조

중국 학교에서는 오전마다 전교생이 모여 약 20분 정도 체조를 해요. 그리고 눈 건강을 위해 '눈 체조(眼保健操 yǎnbǎojiàncāo)'도 해요. 중국 학생들의 눈 체조는 1972년 중국 국가교육위원회가 지정하여 초등학생은 매일 2회 하도록 규정하였어요. 눈 체조는 눈 주위에 위치한 혈을 마사지해서 눈과 머리의 혈액 순환을 돕고, 눈의 피로를 풀어 주어 근시와 같은 눈의 질병들을 예방할 수 있어요. 중국 학교는 방송에서 눈 체조 안내 방송이 나오면 학생들은 책상에 앉아서 눈 체조를 해요. 여러분도 눈 건강을 위해 따라해 보면 어떨까요?

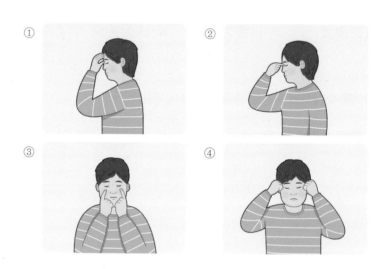

① **찬죽혈**(攢竹穴 cuánzhúxué) 마사지는 눈 미간 사이를 엄지손가락으로 둥글게 마사지하고 나머지 손가락은 이마 근처에 살포시 올려 마사지해요.
② **정명혈**(睛明穴 jīngmíngxué) 마사지는 콧대를 집게 모양으로 잡고 먼저 아래쪽을 향해 마사지하고, 다시 위를 향해 마사지해요.
③ **사백혈**(四白穴 sìbáixué) 마사지는 양손 검지를 콧날 근처에 두고 엄지를 이용해서 광대가 꺼진 곳 근처를 눌러 줘요. 그리고 검지를 이용해서 얼굴의 앞쪽을 가볍게 마사지해요.
④ **태양혈**(太阳穴 tàiyángxué) 마사지는 엄지를 제외한 네 손가락을 주먹 쥐고, 엄지는 관자놀이(태양혈)를 눌러 줘요. 그리고 주먹 쥔 손으로 눈 근처 뼈를 미끄러지듯이 마사지해요.

◆ 건강 관련 노래

健康歌
Jiànkāng Gē

范晓萱
Fàn Xiǎoxuān

小萱萱　　　　　来来来　　　　跟爷爷做个运动
xiǎo Xuānxuān　lái lái lái　　gēn yéye zuò ge yùndòng

左三圈　　　　　右三圈　　　　脖子扭扭　　屁股扭扭
zuǒ sān quān　　yòu sān quān　bózi niǔniu　pìgu niǔniu

早睡早起　　　　咱们来做运动
zǎo shuì zǎo qǐ　zánmen lái zuò yùndòng

抖抖手啊　　　　抖抖脚啊　　　勤做深呼吸
dǒudou shǒu a　dǒudou jiǎo a　qín zuò shēnhūxī

学爷爷唱唱跳跳　　　　　　　　你才不会老
xué yéye chàngchang tiàotiao　nǐ cái bú huì lǎo

笑眯眯　　　　　笑眯眯　　　　做人客气　　快乐容易
xiàomīmī　　　　xiàomīmī　　　zuò rén kèqi　kuàilè róngyì

爷爷说的容易　　早上起床　　　　　　　　哈啾哈啾
yéye shuō de róngyì　zǎoshang qǐ chuáng　　　hājiū hājiū

不要乱吃零食　　多喝开水　　　咕噜咕噜　　我比谁更有活力
búyào luàn chī língshí　duō hē kāishuǐ　gūlūgūlū　wǒ bǐ shéi gèng yǒu huólì

건강 노래

범효훤

쉬안쉬안 이리 오거라. 할아버지랑 운동 한번 하자꾸나.
왼쪽으로 세 바퀴, 오른쪽으로 세 바퀴, 목을 흔들흔들, 엉덩이를 흔들흔들.
일찍 자고 일찍 일어나서 우리 운동하자.
손을 털고 발을 털고 부지런히 심호흡하자.
할아버지를 따라 노래하고 춤춰야 너는 늙지 않는단다.
방글방글 방글방글 사람은 겸손해야 즐거워지기 쉽단다.
할아버지 말씀은 쉬워. 아침에 일어나면 에취! 에취!
군것질 막 먹지 말고 끓인 물 많이 마셔야 해 꿀꺽꿀꺽. 나는 누구보다 활력이 넘치지.

> **TIP** 〈健康歌〉는 대만 가수 범효훤(范晓萱)이 부른 노래로, 흥겹고 경쾌한 리듬에, 건강해지는 방법을 알려 주는 가사예요. 뮤직비디오에 율동이 나와서 뮤직비디오를 보며 율동을 따라하면 더 재미있게 이 노래를 감상할 수 있어요. 중국 사람들은 남녀노소 모두 좋아해요. 위의 가사는 이 노래의 일부분이에요.

◆ 원고지 사용법(1)

1 제목은 첫째 줄의 가운데나 다섯 번째 칸부터 씁니다.
제목이 짧은 경우에는 정중앙에 쓰고, 제목이 긴 경우에는 첫째 줄에서 맨 앞의 네 칸을 띄고 다섯 번째 칸부터 씁니다.

						健	康	生	活						
				写	给	妈	妈	的	一	封	信				

2 본문 내용은 둘째 줄에서 맨 앞의 두 칸을 띄고 세 번째 칸부터 씁니다. 문장에서 단락이 바뀌는 경우에도 줄을 바꾸어 세 번째 칸부터 쓰면 됩니다.

						健	康	生	活						
		我	觉	得	健	康	的	生	活	就	是	吃	好	饭	、	睡	好	觉	、
多	运	动	。												

3 알파벳 대문자는 한 칸에 한 글자씩 쓰고, 알파벳 소문자와 숫자는 한 칸에 두 글자씩 씁니다.

	C	H	I	N	E	S	E								
	ab	cd	ef	gh											
	12	34	56	78											

4 날짜에 해당하는 아라비아 숫자는 한자로 쓰지 않아도 됩니다. 숫자는 한 칸에 두 개씩 씁니다.

20	22	年	8	月	18	日									

海外生活

해외 생활

트레이닝 듣기

Track04과

학습 포인트

▶ **말하기** 每逢佳节倍思亲
▶ **듣 기** "吻"和"问"
▶ **읽 기** 文化差异
几乎｜勉强｜怪不得
▶ **쓰 기** 쓸쓸한 생일

每逢佳节倍思亲
Měi féng jiājié bèi sī qīn

阿美　今天是中秋节，你怎么
　　　Jīntiān shì Zhōngqiū Jié, nǐ zěnme

　　　一个人喝闷酒啊？
　　　yí ge rén hē mènjiǔ a?

东民　我心里烦，喝酒解闷儿。
　　　Wǒ xīnli fán, hē jiǔ jiě mènr.

阿美　怎么了？想家了吗？
　　　Zěnme le?　Xiǎng jiā le ma?

东民　是啊。以前中秋节我要么跟家人一起过，要么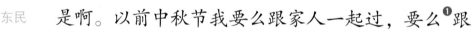跟
　　　Shì a.　Yǐqián Zhōngqiū Jié wǒ yàome gēn jiārén yìqǐ guò, yàome gēn

　　　朋友一起过。今年只有我一个人。
　　　péngyou yìqǐ guò.　Jīnnián zhǐ yǒu wǒ yí ge rén.

阿美　"每逢佳节倍思亲"，我很理解你的心情。
　　　"Měi féng jiājié bèi sī qīn", wǒ hěn lǐjiě nǐ de xīnqíng.

　　　你给家里打电话了吗？
　　　Nǐ gěi jiāli dǎ diànhuà le ma?

□□ 海外 hǎiwài　명 해외

□□ 每逢佳节倍思亲 měi féng jiājié bèi sī qīn
　　명절 때만 되면 가족이 더 그립다

□□ 中秋节 Zhōngqiū Jié　명 중추절, 추석

□□ 喝闷酒 hē mènjiǔ　(답답해서) 혼자 술을 마시다

□□ 解闷儿 jiě mènr
　　답답한 마음을 풀다, 기분 전환을 하다

□□ 要么 yàome　접 ~하든지

东民　打了。妈妈说家里人都聚在一起了，就缺我一个，
　　　Dǎle.　　Māma shuō jiāli rén dōu jùzài yìqǐ le, jiù quē wǒ yí ge,

　　　我听了心里更难受。
　　　wǒ tīngle xīnli gèng nánshòu.

阿美　别太难过了。
　　　Bié tài nánguò le.

　　　你在中国也有很多朋友，大家都很关心你。
　　　Nǐ zài Zhōngguó yě yǒu hěn duō péngyou, dàjiā dōu hěn guānxīn nǐ.

　　　你不要一个人呆着，我叫上几个朋友，大家一起
　　　Nǐ búyào yí ge rén dāizhe, wǒ jiàoshang jǐ ge péngyou, dàjiā yìqǐ

　　　聚聚吧。
　　　jùju ba.

플러스 **TIP**

❶ 要么는 「要么+절+要么+절」 형식으로 쓰여 '~하든지 ~하다'
　라는 뜻으로, 두 가지 상황 중에 선택하는 것을 나타내요.

□□ 聚 jù 동 모이다　　　　　　　□□ 缺 quē 동 모자라다, 부족하다

──● 확인 학습 ●── ○×로 지문 판단하기 ──
❶ 中秋节东民和阿美一起喝酒。(　　)
❷ 除了东民，东民的家人都聚在一起了。(　　)

STEP 1 녹음을 듣고 다음 질문에 알맞은 답을 고르세요.

① A 高兴

B 满意

C 批评

D 表扬

② A 女的希望男的帮助她

B 女的不需要男的帮忙

C 男的总是给女的很大帮助

D 女的很感谢男的的帮助

③ A 劝儿子快点儿找工作

B 让儿子搬家

C 帮儿子收拾房间

D 劝儿子快点儿结婚

□□ 记不住 jì bu zhù 기억하지 못하다

  * 记 jì 동 기억하다

□□ 脑子 nǎozi 명 머리, 기억력

□□ 满意 mǎnyì 형 만족하다

□□ 表扬 biǎoyáng 동 표창하다, 칭찬하다

□□ 帮倒忙 bāng dàománg
  돕는 것이 오히려 방해가 되다

□□ 谈恋爱 tán liàn'ài 연애하다

□□ 个人 gèrén 명 개인

□□ 考虑 kǎolǜ 동 고려하다, 생각하다

□□ 劝 quàn 동 권하다, 설득하다

녹음을 다시 한 번 들으며 빈칸을 채우세요.

❶ 我都＿＿＿＿＿＿＿＿＿＿＿＿＿＿，你还＿＿＿＿＿＿＿！你什么脑子！

❷ 男 我是＿＿＿＿＿＿＿的。

　　女 算了吧，你＿＿＿＿＿＿＿＿＿＿＿。

❸ 女 你年纪也不小了，怎么还不谈恋爱？

　　＿＿＿＿＿＿＿＿＿也该＿＿＿＿＿＿＿＿了！

　　男 妈，您又来了！

🪭 중국어 표현 속으로

명절 때가 되면 언제나 고향 생각

'独在异乡为异客，每逢佳节倍思亲(dú zài yìxiāng wéi yìkè, měi féng jiājié bèi sī qīn 홀로 타향에 있는 나그네 되니, 명절 때만 되면 가족에 대한 그리움이 더해 가는구나)'은 중국 당(唐) 나라 시인 왕유(王维)의 「9월 9일 산둥 형제를 회상하다(九月九日忆山东兄弟)」의 시 구절이에요. 여기서 '每逢佳节倍思亲'은 타향에서 명절을 쐴 때 자주 쓰는 표현이죠. 고향에 대한 그리움을 표현한 대표적인 시로는 중국에서 시선(诗仙)으로 불리는 이백(李白)의 「정야사(静夜思)」를 손꼽을 수 있는데요. 이 시는 중추절 밤의 둥근 보름달을 바라보며 멀리 타지에서 고향을 그리워하는 마음을 담았어요.

床前明月光，　　Chuáng qián míngyuè guāng, 침상 앞 밝은 달빛,
疑是地上霜。　　yí shì dì shang shuāng. 땅에 내린 서리인가.
举头望明月，　　Jǔ tóu wàng míngyuè, 고개 들어 밝은 달 바라보다,
低头思故乡。　　dī tóu sī gùxiāng. 고개 숙여 고향 생각하네.

"吻"和"问"

STEP 1 녹음을 듣고 제시된 문장과 내용이 일치하는지 ○×로 표시하세요.

❶ 刚开始东民的汉语不标准，可是没闹过笑话。 （　　）

❷ 东民知道去超市应该在哪儿下车。 （　　）

❸ 司机开始吓了一跳，后来才明白东民是外国人。 （　　）

STEP 2 녹음 내용에 근거하여 다음 질문에 중국어로 답하세요.

❶ 刚来的时候，东民为什么闹了笑话？ 🎤 _____

❷ 东民想对司机说什么？ 🎤 _____

❸ 开始司机有什么反应？ 🎤 _____

东民刚到中国的时候，连"你好"＿＿＿＿＿＿＿＿＿＿＿

也说不标准，因此＿＿＿＿＿＿＿＿＿＿。有一天，东民坐

公共汽车去超市，可是他不知道在哪儿下车。他就＿＿＿＿＿

＿＿＿＿＿＿："我想吻你……"听到这几个字，＿＿＿＿＿＿

＿＿＿＿＿，吃惊地看着东民。东民很着急，又说了一遍"我

想吻你"。这时，司机好像明白了什么，笑着说:"＿＿＿＿＿

＿＿＿＿＿，＿＿＿＿＿＿。"

![단어]

- □□ 吻 wěn 图 키스하다
- □□ 标准 biāozhǔn 图 표준적이다
- □□ 因此 yīncǐ 젭 그래서, 그러므로
- □□ 闹笑话 nào xiàohua 웃음거리가 되다

- □□ 吓了一跳 xiàle yí tiào 깜짝 놀랐다
- □□ 明白 míngbai 图 이해하다, 알다
- □□ 外国人 wàiguórén 图 외국인
- □□ 反应 fǎnyìng 图 반응

文化差异
Wénhuà chāyì

我是一个跨国公司的职员，我们公司在全世界五十多个国家
Wǒ shì yí ge kuàguó gōngsī de zhíyuán, wǒmen gōngsī zài quán shìjiè wǔshí duō ge guójiā

设立了分公司。每年十月份我们公司都有人事调动，几乎❶一千
shèlìle fēngōngsī.　　Měi nián shí yuèfèn wǒmen gōngsī dōu yǒu rénshì diàodòng, jīhū yìqiān

名职员被派到别的国家，在那里体验不同的文化。
míng zhíyuán bèi pàidào bié de guójiā, zài nàli tǐyàn bùtóng de wénhuà.

就拿我来说，前几年我刚工作的时候，我们公司把我派到
Jiù ná wǒ lái shuō, qián jǐ nián wǒ gāng gōngzuò de shíhou, wǒmen gōngsī bǎ wǒ pàidào

了印度新德里。到了新德里机场，一个当地职员来接我。因为我
le Yìndù Xīndélǐ.　　Dàole Xīndélǐ jīchǎng, yí ge dāngdì zhíyuán lái jiē wǒ.　　Yīnwèi wǒ

是个左撇子，我就伸出我的左手，想跟他握手。可是谁知道他
shì ge zuǒpiězi, wǒ jiù shēnchū wǒ de zuǒshǒu, xiǎng gēn tā wò shǒu. Kěshì shéi zhīdào tā

脸色突然变了，很勉强❷地跟我握了握手。
liǎnsè tūrán biàn le, hěn miǎnqiǎng de gēn wǒ wòle wò shǒu.

过了几天，他请我到他家吃饭的时候，看到我用左手吃饭，
Guòle jǐ tiān, tā qǐng wǒ dào tā jiā chī fàn de shíhou, kàndào wǒ yòng zuǒshǒu chī fàn,

他们全家人都像看外星人似的。后来我才知道印度人除了上洗手
tāmen quánjiārén dōu xiàng kàn wàixīngrén shìde. Hòulái wǒ cái zhīdào Yìndùrén chúle shàng xǐshǒu

间以外，是绝对不用左手的。怪不得❸他们表情那么奇怪！
jiān yǐwài, shì juéduì búyòng zuǒshǒu de.　　Guàibude tāmen biǎoqíng nàme qíguài!

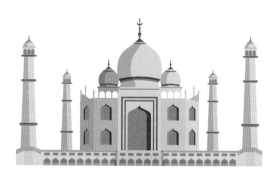

88　　맛있는 중국어 Level ❻

1 본문의 내용에 근거하여 다음 질문에 중국어로 답하세요.

❶ 他为什么去印度? 🎤 _____

❷ 他为什么用左手握手? 🎤 _____

❸ 握手的时候，当地职员是什么反应? 🎤 _____

2 녹음을 듣고 본문과 일치하면 ○, 일치하지 않으면 ×를 표시한 후,
녹음 내용을 빈칸에 쓰세요.

Track04-08

❶ [ ] 我们公司每年有很多职员_____工作。

❷ [ ] 我伸出左手后，当地职员_____。

❸ [ ] 在印度除了_____以外，是绝对_____的。

단어

Track04-09

□□ 差异 chāyì 명 차이, 다른 점

□□ 跨国公司 kuàguó gōngsī 다국적 기업

□□ 设立 shèlì 동 세우다, 설립하다

□□ 分公司 fēngōngsī 명 지사, 지점

□□ 月份 yuèfèn 명 월, 월분[어느 한 달을 가리킴]

□□ 人事调动 rénshì diàodòng 인사 이동

□□ 几乎 jīhū 부 거의, 하마터면

□□ 名 míng 양 명[사람을 세는 단위]

□□ 派 pài 동 파견하다

□□ 体验 tǐyàn 동 체험하다 명 체험

□□ 拿…来说 ná…lái shuō
　　　　　　 (~를 가지고) 말해 보다

□□ 印度 Yìndù 고유 인도

□□ 新德里 Xīndélǐ 고유 뉴델리[인도의 수도]

□□ 左撇子 zuǒpiězi 명 왼손잡이

□□ 伸 shēn 동 내밀다, 펼치다

□□ 握手 wò shǒu 악수하다

□□ 勉强 miǎnqiǎng 형 마지못해 ~하다
　　　　　　　　 동 강요하다

□□ 像…似的 xiàng…shìde 마치 ~와 같다

□□ 外星人 wàixīngrén 명 외계인

□□ 怪不得 guàibude 부 어쩐지, 과연

□□ 表情 biǎoqíng 명 표정

□□ 奇怪 qíguài 형 이상하다

4과 海外生活 **89**

1
几乎一千名职员被派到别的国家。

거의 천 명의 직원이 다른 나라로 파견됩니다.

几乎는 '거의'라는 뜻으로, 뒤에는 보통 동사, 형용사, 명사가 옵니다. 또한 '하마터면 ~할 뻔하다'라는 뜻으로 쓰이기도 합니다.

他几乎从来不迟到。 그는 여태껏 거의 지각하지 않았어요.

他突然冒出来，我开的车几乎撞到他了。
그가 갑자기 튀어나와서, 내가 운전하던 차가 하마터면 그를 칠 뻔했어요.

해석하기　那部电影我几乎看了三十遍。

　　　⇒ _____

중작하기　그는 거의 매일 도서관에서 밤새워 공부합니다.

　　　⇒ _____

2
很勉强地跟我握了握手。

매우 마지못해 나와 악수를 했습니다.

勉强은 '강요하다', '마지못해 ~하다'라는 뜻을 나타냅니다. '강요하다'라는 뜻을 나타낼 때는 인칭대사가 목적어로 오며 겸어와 함께 쓸 수 있습니다. '마지못해 ~하다'라는 뜻을 나타낼 때는 명사를 수식할 수 없지만, 동사는 수식할 수 있습니다.

你不想做这件事，我们就不勉强你做。
당신이 이 일을 하기 싫다면, 우리는 당신에게 하라고 강요하지 않겠어요.

这药太苦了，但是为了健康只能勉强吃下去。
이 약은 너무 쓰지만, 건강을 위해서 억지로 먹을 수밖에 없어요.

해석하기 如果没有兴趣，就不要勉强做。

➡ _____

중작하기 당신이 영어를 배우기 싫다면, 우리도 당신에게 배우라고 강요하지 않겠습니다.

➡ _____

3 怪不得他们表情那么奇怪！

어쩐지 그들 표정이 그렇게 이상하더라고요!

怪不得는 '어쩐지', '과연'이라는 뜻으로, 앞뒤에 원인을 설명하는 절이 올 수 있으며, 难怪와 바꾸어 쓸 수 있습니다. 문장 뒤에서 단독으로 쓰이기도 합니다.

面试前没好好儿准备，怪不得没通过。
면접 전에 충분히 준비하지 못했더니, 과연 통과하지 못했어요.

怪不得她那么漂亮，原来是整过容的。
어쩐지 그녀가 그렇게 예쁘더라니, 알고 보니 성형했군요.

해석하기 你开空调了啊? 怪不得这么凉快！

➡ _____

중작하기 그는 중국에서 3년 동안 있었군요. 어쩐지 중국어를 그렇게 잘하더라고요.

➡ _____

단어 冒出来 mào chūlai 튀어나오다 ｜ 整容 zhěng róng 동 성형하다 ｜
凉快 liángkuai 형 시원하다, 서늘하다

1 표현 익히기 다음 표현을 익혀 보세요.

❶ 为了 wèile 깨 ~를 위해서(* 목적을 나타냄)

예 为了欢迎你，我准备了一个晚会。 당신을 환영하기 위해, 내가 저녁 파티를 준비했어요.

❷ 拉着 lāzhe ~를 끌고(* 행동의 당사자가 본인의 의지보다는 타인에 의해 행동하게 됨을 의미함)

예 他每天晚上拉着我去图书馆。 그는 매일 저녁 나를 끌고 도서관에 가요.

❸ 不知怎么搞的 bù zhī zěnme gǎo de 어찌 된 일인지 모르겠다

예 刚买的手机，不知怎么搞的，用了一个星期就坏了。

최근에 산 핸드폰이 어찌 된 일인지 일주일 쓰고 바로 고장 났어요.

❹ 没完没了 méi wán méi liǎo (말이나 일이) 한도 끝도 없다

예 这雨怎么下个没完没了呢? 이 비는 어째서 한도 끝도 없이 내리죠?

❺ 동사+个+정도보어(* 동작이나 상황이 끝없이 지속된다는 의미가 있을 때 사용하는 정도보어 형식)

예 难得见面，今天我们喝个痛快。 모처럼 만났으니 오늘 우리 통쾌하게 마십시다.

2 표현 활용하기 제시된 표현을 써서 다음 문장을 중국어로 써 보세요.

❶ 할아버지의 생신을 축하해 드리기 위해 나는 큰 선물을 준비했습니다. (为了)

➡ _____

❷ 친구는 늘 나를 끌고 쇼핑하러(逛街) 갑니다. (拉着)

➡ _____

❸ 오늘 어찌 된 일인지 나는 계속 눈물이 납니다(掉眼泪). (不知怎么搞的)

➡ _____

❹ 그는 말이 정말 많습니다. 하루 종일(整天) 끊임없이 말합니다. (个, 没完没了)

➡ _____

❺ 당신은 무슨 좋은 일이 있으세요? 오늘 어째 계속(不停) 웃으세요? (个)

➡ _____

3 　중국어 100% 흡수하기　다음 일기를 중국어로 써 보세요.

쓸쓸한 생일

　　오늘은 내 생일이다. 예전에 한국에서 생일을 보낼 때는 어머니가 매번 나에게 맛있는 미역국(海带汤)을 만들어 주셨다. 그런데, 이번 생일은 나 혼자 이국 타향(异国他乡)에 있다. 비록 친구들이 ❶내 생일을 축하해 주기 위해(为了) 각양각색의 선물을 준비하고, 또 ❷나를 끌고(拉着) 밥도 먹으러 갔지만, 나는 여전히 좀 슬프다(难过). 원래 나는 매우 밝고 활발한(开朗活泼) 사람이지만, 오늘은 ❸어찌 된 일인지(不知怎么搞的) 눈물이 ❹끊임없이(没完没了) ❺떨어진다(个).

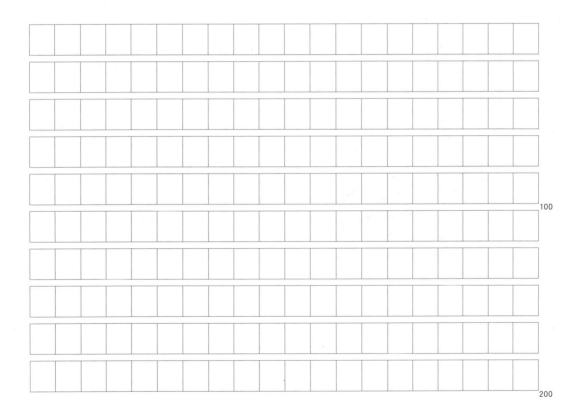

100

200

단어　晚会 wǎnhuì 몡 저녁 파티 ｜ 搞 gǎo 동 하다 ｜ 痛快 tòngkuài 혱 통쾌하다, 즐겁다 ｜
　　　海带汤 hǎidàitāng 몡 미역국 ｜ 异国他乡 yìguó tāxiāng 이국 타향 ｜
　　　开朗 kāilǎng 혱 (성격이) 밝다, 명랑하다

Track04-10

1 녹음을 듣고 다음 질문에 알맞은 답을 고르세요.

❶ A 现在两点十五分　　　B 说话人很着急

　　C 一点半上课　　　　　D 两点半上课

❷ A 说话人会修冰箱

　　B 说话人没时间修冰箱

　　C 小林很会修冰箱

　　D 小林不会修冰箱

2 다음 질문에 자유롭게 중국어로 답하세요.

A

B

❶ 在中国北方，过年有什么传统?

➡ _____

❷ 韩国人春节有什么传统?

➡ _____

❶ 这两个外国人在做什么呢?

➡ _____

❷ 你想去海外生活吗? 为什么?

➡ _____

3 빈칸에 들어갈 알맞은 표현을 고르세요.

① 知道好朋友出事了，我＿＿＿＿＿一夜没合眼。

    A 何必　　　　B 几乎　　　　C 不过　　　　D 才

② 他不想去，你就不要＿＿＿＿＿他了。

    A 标准　　　　B 关心　　　　C 勉强　　　　D 体验

③ ＿＿＿＿＿这么冷，原来昨天晚上下雪了。

    A 所以　　　　B 从不　　　　C 难道　　　　D 怪不得

4 제시된 단어를 이용하여 문장을 중국어로 써 보세요.

① 영어를 배우든, 중국어를 배우든 당신이 선택하세요. (要么…要么…)

➡ ＿＿＿＿＿＿＿＿＿＿＿＿＿＿＿＿＿＿＿＿＿＿＿

② 먹는 것으로 말하자면, 상하이 사람이 단 것 먹는 것을 더 좋아합니다. (拿…来说)

➡ ＿＿＿＿＿＿＿＿＿＿＿＿＿＿＿＿＿＿＿＿＿＿＿

③ 그는 다른(不同) 문화를 체험하기 위해 해외로 유학을 나갔습니다. (体验)

➡ ＿＿＿＿＿＿＿＿＿＿＿＿＿＿＿＿＿＿＿＿＿＿＿

④ 그의 얼굴은 마치 사과처럼 빨갛습니다. (像…似的)

➡ ＿＿＿＿＿＿＿＿＿＿＿＿＿＿＿＿＿＿＿＿＿＿＿

단어 修理 xiūlǐ 图 수리하다 | 外行 wàiháng 명 문외한, 비전문가 | 行家 hángjia 명 전문가 |
一夜 yí yè 하룻밤 | 合眼 hé yǎn 图 두 눈을 붙이다, 잠을 자다

한국과 중국의 문화 차이

우리나라의 이웃 나라인 중국은 여러 방면에서 우리나라와 비슷하면서 약간씩 다른 문화들이 있어요.

먼저 식사할 때 한국에서는 보통 은이나 쇠로 만든 수저를 많이 사용하는데, 중국에서는 대나무 재질의 수저를 많이 사용해요. 또한 우리는 보통 바닥에 앉아 양반다리를 하고 식사하는 반면, 중국인은 대부분 비교적 높이가 있는 식탁과 의자를 사용해요. 물론 우리나라도 지금은 서양의 입식 문화가 들어와서 의자에 앉아 식탁에서 식사하는 경우가 많아졌지요. 그리고 우리는 밥그릇을 식탁에 놓은 채로 식사를 하지만, 중국인은 밥그릇을 들고 식사를 해요. 옛날에 한국에서는 밥그릇을 들고 먹으면 상놈이라는 인식이 있었고, 중국에서는 고개를 숙이고 먹으면 동물이 먹는 모습 같다는 인식이 있었어요. 지금은 그런 인식은 없어졌지만 아직까지도 예의로 여기고 있어요.

식사 문화뿐만 아니라 예절 문화에도 약간의 차이가 있는데요. 한국인은 다른 사람과 만나 악수를 할 때, 만약 윗사람과 하는 경우에는 두 손을 사용하거나 왼손으로 오른손을 받쳐 악수를 해요. 하지만 중국인은 악수할 때 오른손만 뻗어 악수를 해요. 또한 우리나라는 윗사람을 매우 공경하고 상하 관계가 분명하며, 말할 때에도 경어를 사용해야 하지만, 중국에는 높임말이 없고, 윗사람과 아랫사람 관계도 친구처럼 지낼 수도 있어서 비교적 자유로워요.

◆ 다양한 인사 방법

鞠躬
jū gōng
허리를 굽혀 인사하다

亲吻
qīnwěn
입 맞추다, 키스하다

拥抱
yōngbào
포옹하다

握手
wò shǒu
악수하다

挥手
huī shǒu
손을 흔들다

敬礼
jìng lǐ
경례하다

击掌
jīzhǎng
서로 손바닥을 마주치다

鼓掌
gǔ zhǎng
손뼉을 치다, 박수를 치다

合十
héshí
합장하다

쓰기에 강해지는 핵심 포인트

◆ 원고지 사용법(2)

1 문장 부호는 일반적으로 행의 첫 번째 칸에 쓸 수 없습니다. 단, 따옴표(" ")와 서명 부호(《 》)의 앞부분, 즉 "와 《는 첫 번째 칸에 쓸 수 있지만 행의 맨 끝에는 쓸 수 없습니다. 이때는 글자와 함께 같은 칸에 써야 합니다.

" 为	什	么	？		为	什	么	你	要	骗	我	？"				

《 老	人	与	海	》												

																✕
你	为	什	么	不	听	我	的	话	呢	？"						

																"你
为	什	么	不	听	我	的	话	呢	？"							

2 부연 설명할 때 쓰는 줄임표(……)는 한 칸에 점 세 개씩 쓰고, 줄표(— —)는 두 칸에 걸쳐 씁니다.

准	备	了	锅	包	肉	、	地	三	鲜	…	…					
这	就	是	我	最	喜	欢	的	地	方	—	—	北	京	。		

3 쌍점(:)과 대화나 인용문에 쓰이는 마침표(。), 물음표(?), 느낌표(!)는 따옴표(" ")와 한 칸에 같이 씁니다.

		她	说	:"	谢	谢	你	。"								
我	问	他	:"	还	疼	吗	?"									
" 快	点	儿	!"													

START!

5과

中国的节日

중국의 명절

트레이닝 듣기

Track05과

Track05-01

十一黄金周
Shí-yī huángjīnzhōu

冰冰 　你脸晒得这么黑，
　　　Nǐ liǎn shài de zhème hēi,

　　　国庆节去哪儿玩儿了？
　　　Guóqìng Jié qù nǎr wánr le?

小林 　我们全家人一起去了
　　　Wǒmen quánjiārén yìqǐ qùle

　　　海南岛。
　　　Hǎinán Dǎo.

冰冰 　国庆是旅游旺季，价格一定很贵吧？
　　　Guóqìng shì lǚyóu wàngjì, jiàgé yídìng hěn guì ba?

小林 　比平时贵一倍，而且还得提前一个月预约。
　　　Bǐ píngshí guì yí bèi, érqiě hái děi tíqián yí ge yuè yùyuē.

　　　不过难得❶和家人一起出去，我觉得值得。
　　　Búguò nándé hé jiārén yìqǐ chūqu, wǒ juéde zhíde.

Track05-02

□□ 黄金周 huángjīnzhōu 몡 황금연휴	□□ 提前 tíqián 됭 (예정된 시간이나 위치를) 앞당기다
□□ 晒 shài 됭 햇볕을 쬐다, 햇빛에 말리다	
□□ 黑 hēi 톙 검다, 까맣다	□□ 预约 yùyuē 됭 예약하다
□□ 海南岛 Hǎinán Dǎo 고유 하이난도, 해남도	□□ 值得 zhíde 됭 ～할 만한 가치가 있다
□□ 旺季 wàngjì 몡 성수기	□□ 景色 jǐngsè 몡 풍경, 경치

冰冰　海南岛景色美不美？
Hǎinán Dǎo jǐngsè měi bu měi?

小林　美极了。碧海蓝天，简直像个"世外桃源"。
Měi jí le.　　Bìhǎi lántiān, jiǎnzhí xiàng ge "shìwài táoyuán".

你呢？国庆节过得怎么样？
Nǐ ne?　　Guóqìng Jié guò de zěnmeyàng?

冰冰　我想，反正去哪儿都是人山人海，所以就在家里
Wǒ xiǎng, fǎnzhèng qù nǎr dōu shì rénshān rénhǎi, suǒyǐ jiù zài jiāli

休息了。
xiūxi le.

플러스 | TIP

❶ 难得는 '얻기 어렵다', '모처럼 ~하다'라는 뜻으로, 술어로 쓰이거나 동사 앞에 쓰여 일상적으로 자주 발생하지 않는다는 의미를 나타내요.

예 机会难得 기회가 얻기 어렵다
难得出来玩儿 모처럼 놀러 나오다

□□ 碧海蓝天 bìhǎi lántiān 푸른 바다와 쪽빛 하늘　　□□ 人山人海 rénshān rénhǎi ㉑ 인산인해
□□ 世外桃源 shìwài táoyuán　　　　　　　　　　　□□ 休息 xiūxi ⑧ 쉬다
　　　세상 밖 별천지, 무릉도원

─●확인 학습●─○×로 지문 판단하기─
❶ 小林觉得花那么多钱去海南岛很可惜。(　　)
❷ 海南岛的风景很美，像"世外桃源"。(　　)

STEP 1 녹음을 듣고 다음 질문에 알맞은 답을 고르세요.

❶ A 老师

  B 小李

  C 弟弟

  D 说话人

❷ A 女的今天过生日

  B 女的不喜欢这台电脑

  C 男的今天送给女的礼物

  D 女的喜欢这台电脑

❸ A 这首歌的光盘是红色的

  B 女的听不懂歌词

  C 这首歌最近很受欢迎

  D 女的不喜欢唱歌儿

Track05-04

□□ 新出 xīn chū 새로 나오다, 새로 출시하다

□□ 台 tái 양 대[기계, 차량, 설비 등을 세는 단위]

□□ 首 shǒu 양 곡[시나 노래 등을 세는 단위]

□□ 红 hóng 형 인기가 있다, 잘 팔리다

□□ 光盘 guāngpán 명 시디(CD)

□□ 歌词 gēcí 명 가사

❶ 张老师，这是我上周_____复习资料，

您看看怎么样？

❷ 男 这是_____，等你_____我送给你。

女 真希望今天就是我的生日。

❸ 男 这首歌是_____，怎么样？

女 _____，真不知道现在的音乐怎么了。

🪭 중국어 표현 속으로

폭죽 소리를 들으니 또 한 해가 가는구나

중국의 대표적인 명절과 관련된 표현을 살펴볼까요?
중국의 최대 명절인 춘절과 관련된 표현으로는 '爆竹声中一岁除(bàozhú shēng zhōng yí suì chú 터지는 폭죽 소리에서 일 년이 또 지나가는구나 – 왕안석(王安石) 「원일(元日)」)'가 있고, 조상에게 제사를 지내고 성묘를 하는 날인 청명절과 관련된 표현으로는 '清明时节雨纷纷(Qīngmíng shíjié yǔ fēnfēn 청명절이 돌아오니 비가 흩뿌리는구나 –두보(杜甫) 「청명(清明)」)' 이 있어요. 또, 달이 밝고 시원한 가을 바람이 부는 중추절에는 '人逢喜事精神爽, 月到中秋分外明(rén féng xǐshì jīngshén shuǎng, yuè dào Zhōngqiū fènwài míng 사람은 기쁜 일을 만나면 정신이 상쾌해지고, 달은 중추절이 되면 유난히 밝다)'이라는 표현을 인사말로 많이 써요.

愚人节

STEP 1 녹음을 듣고 제시된 문장과 내용이 일치하는지 ○×로 표시하세요.

❶ 东民突然肚子疼，带着手纸去了洗手间。 （　　　）

❷ 因为是愚人节，所以东民的朋友们都不相信他。 （　　　）

❸ 打扫洗手间的清洁工帮了东民。 （　　　）

STEP 2 녹음 내용에 근거하여 다음 질문에 중국어로 답하세요.

❶ 吃饭的时候，东民突然怎么了？ 🎤 _____

❷ 朋友们为什么不相信东民的话？ 🎤 _____

❸ 最后谁帮助了东民？ 🎤 _____

　　年轻人很喜欢在愚人节这一天＿＿＿＿＿＿。这天中午，东民和朋友们在吃饭，他突然感到肚子不舒服，＿＿＿＿＿＿＿＿＿＿＿＿＿＿＿＿＿＿＿＿。过了一会儿才发现没有手纸。东民想："糟糕，今天是4月1号，肯定＿＿＿＿＿＿＿＿＿＿＿＿＿＿＿。"果然，东民打了好几个电话，朋友们都说："＿＿＿＿＿＿＿，我知道今天是什么日子。"东民只好＿＿＿＿＿＿＿＿＿＿＿＿＿＿＿，最后是打扫洗手间的清洁工＿＿＿＿＿＿＿＿＿＿＿＿＿。

단어

Track05-06

□□ 愚人节 Yúrén Jié 명 만우절
□□ 感到 gǎndào 동 느끼다, 생각하다
□□ 急忙 jímáng 형 급하다, 분주하다
□□ 跑 pǎo 동 달리다, 뛰다
□□ 手纸 shǒuzhǐ 명 (화장실용) 휴지, 화장지

□□ 相信 xiāngxìn 동 믿다, 신임하다
□□ 果然 guǒrán 부 과연, 생각한대로
□□ 日子 rìzi 명 날, 날짜
□□ 打扫 dǎsǎo 동 청소하다
□□ 清洁工 qīngjiégōng 명 청소부

五一小长假
Wǔ-yī xiǎo chángjià

今年五一小长假我跟家人商量，与其①在家里呆着，不如出
Jīnnián Wǔ-yī xiǎo chángjià wǒ gēn jiārén shāngliang, yǔqí zài jiāli dāizhe, bùrú chū

去旅游。所以我们报了比平常贵一倍的旅行团，高高兴兴地开始
qu lǚyóu.　　Suǒyǐ wǒmen bàole bǐ píngcháng guì yí bèi de lǚxíngtuán, gāogāoxìngxìng de kāishǐ

了我们的假期旅行。
le wǒmen de jiàqī lǚxíng.

一到目的地，我的天啊！知道中国人多，可没想到这么多，
Yí dào mùdìdì, wǒ de tiān a!　　Zhīdào Zhōngguórén duō, kě méi xiǎngdào zhème duō,

大家说着各地的方言。唉！真不知道是来看风景还是来看人的。
dàjiā shuōzhe gè dì de fāngyán.　Āi!　Zhēn bù zhīdào shì lái kàn fēngjǐng háishi lái kàn rén de.

没办法，既然已经来了，当然得到处看看，不然②浪费了飞机
Méi bànfǎ, jìrán yǐjīng lái le, dāngrán děi dàochù kànkan, bùrán làngfèile fēijī

票。可是挤来挤去把我们累得要死。
piào.　Kěshì jǐ lái jǐ qù bǎ wǒmen lèi de yàosǐ.

到了吃午饭的时间，我们终于③可以休息一下了。但是我们
Dàole chī wǔfàn de shíjiān, wǒmen zhōngyú kěyǐ xiūxi yíxià le.　　Dànshì wǒmen

吃饭的时候，旁边一直有人等着我们的位子，还一直看着我们
chī fàn de shíhou, pángbiān yìzhí yǒu rén děngzhe wǒmen de wèizi, hái yìzhí kànzhe wǒmen

吃。没办法，我们只好快点儿吃完离开了。唉！以后放假的话，
chī.　Méi bànfǎ, wǒmen zhǐhǎo kuài diǎnr chīwán líkāi le.　　Āi!　Yǐhòu fàng jià dehuà,

我再也不想凑什么热闹了，还是在家好。
wǒ zài yě bù xiǎng còu shénme rènao le, háishi zài jiā hǎo.

1 본문의 내용에 근거하여 다음 질문에 중국어로 답하세요.

❶ 她和家人为什么报了旅行团？ 🎤 _____

❷ 到了目的地，她发现了什么？ 🎤 _____

❸ 她和家人为什么很快就吃完午饭了？ 🎤 _____

2 녹음을 듣고 본문과 일치하면 ○, 일치하지 않으면 ×를 표시한 후,
녹음 내용을 빈칸에 쓰세요.

Track05-08

❶ ⬜ 我和家人认为与其_____，不如_____。

❷ ⬜ 到了目的地，我们_____，所以_____了。

❸ ⬜ 在那里，挤来挤去_____。

단어

Track05-09

- ⬜⬜ 小长假 xiǎo chángjià 짧은 연휴
  [보통 주말과 이어진 3일짜리 법정 휴일을 가리킴]
- ⬜⬜ 与其 yǔqí 젭 ~하기보다는, ~하느니 (차라리)
- ⬜⬜ 报 bào 동 신청하다, 보고하다
- ⬜⬜ 平常 píngcháng 명 평소, 평상시
- ⬜⬜ 旅行团 lǚxíngtuán 명 여행단
- ⬜⬜ 假期 jiàqī 명 방학, 휴가, 연휴
- ⬜⬜ 目的地 mùdìdì 명 목적지
- ⬜⬜ 我的天 wǒ de tiān
  맙소사![매우 놀라거나 절망함을 나타냄]

- ⬜⬜ 各地 gè dì 각지
- ⬜⬜ 方言 fāngyán 명 방언, 사투리
- ⬜⬜ 风景 fēngjǐng 명 풍경, 경치
- ⬜⬜ 既然 jìrán 젭 이왕 이렇게 된 이상
- ⬜⬜ 不然 bùrán 젭 그렇지 않으면
- ⬜⬜ 浪费 làngfèi 동 낭비하다
- ⬜⬜ 要死 yàosǐ 동 심하다, 지독하다
- ⬜⬜ 位子 wèizi 명 자리, 좌석
- ⬜⬜ 凑热闹 còu rènao 함께 모여 떠들썩하게 놀다

1

与其在家里呆着，不如出去旅游。

집에 있느니 차라리 여행하러 나가는 게 낫습니다.

与其는 '~하기보다는', '~하느니 (차라리)'라는 뜻으로, 뒷절에 不如가 올 경우에는 还를 不如 앞에 쓸 수 있습니다. 「与其说…不如说…」 형식은 '~라기보다는 ~라고 할 수 있다'라는 뜻을 나타냅니다.

与其求别人，不如靠自己。 다른 사람에게 부탁하느니 차라리 자신에게 의지하는 게 나아요.

与其说你做得不好，不如说他做得更好。
당신이 잘 못한다기보다는 그가 더 잘한다고 할 수 있어요.

TIP 「与其…不如…」 형식으로 쓰일 때는 '~하느니 차라리 ~하는 게 낫다'라고 해석합니다.

해석하기　与其说不清楚，不如不说。

➡ _____

중작하기　하루 종일 집에서 텔레비전을 보느니 차라리 나가서 노는 게 낫습니다.

➡ _____

2

不然浪费了飞机票。

그렇지 않으면 비행기표를 낭비하게 됩니다.

不然은 '그렇지 않으면'이라는 뜻으로, 앞 문장은 가정의 어감을 지니고 있고, 不然은 결과나 결론을 나타내는 절 앞에 쓰입니다. 不然 뒤에 的话가 올 경우에는 가정의 어기를 강조합니다. 不然 앞에는 再를, 뒤에는 就를 쓸 수 있습니다.

他家里一定有什么问题，不然的话，他怎么一直不笑？
그의 집에 분명 무슨 문제가 있어요. 그렇지 않으면, 그가 왜 계속 안 웃겠어요?

他不在学校，就在图书馆，再不然就在家。

그는 학교에 있지 않으면 도서관에 있는데, 그것도 아니면 집에 있을 거예요.

해석하기   今天晚上你一定要来，不然小心被上司骂。

⇒ _____

중작하기   이번 학기에는 반드시 열심히 공부해야지, 그렇지 않으면 장학금을 받을 수 없습니다.

⇒ _____

3   我们终于可以休息一下了。

우리는 마침내 좀 쉴 수 있었습니다.

终于는 '마침내', '결국'이라는 뜻으로, 「终于+동사」 형식으로 쓰이면 대개 바라던 일이 끝내 이루어졌음을 나타내고, 「终于+형용사구」 형식으로 쓰이면 상태의 변화를 나타냅니다.

我终于实现了自己的梦想。 나는 마침내 내 자신의 꿈을 실현했어요.

她一直照顾妈妈，妈妈的身体终于好起来了。

그녀가 계속 어머니를 돌봐서, 어머니의 몸이 마침내 좋아지셨어요.

해석하기   经历了几次失败以后，他终于成功了。

⇒ _____

중작하기   1년간 입원했었지만(住院), 그는 결국 퇴원했습니다(出院).

⇒ _____

단어   求 qiú 통 부탁하다, 요구하다 | 上司 shàngsi 명 상사, 상관 | 实现 shíxiàn 통 실현하다, 실현시키다

1 표현 익히기 다음 표현을 익혀 보세요.

❶ 就要…了 jiùyào…le 곧 ~이다(* 모든 임박한 상황에 다 쓰임)

  예 飞机马上就要起飞了。 비행기는 곧 이륙해요.

❷ 趁(着) chèn(zhe) ~를 틈타, (시간, 기회 등을) 이용하여

  예 趁(着)寒假，我想去哈尔滨看冰灯节。

    겨울 방학을 이용해서, 나는 빙등제를 보러 하얼빈에 가고 싶어요.

❸ 听+사람+说 tīng…shuō ~의 말을 들어 보니

  예 听别人说，这儿没什么可看的。 다른 사람의 말을 들어 보니, 여기 볼만 한 게 없다고 하네요.

❹ 于是 yúshì 접 그리하여, 그래서(* 시간의 순서에 따른 인과 관계를 나타냄)

  예 计划取消了，于是我就回家了。 계획이 취소됐어요. 그래서 나는 바로 집에 돌아갔어요.

❺ 感受 gǎnshòu 명 느낌 동 느끼다

  예 他从不考虑别人的感受。 그는 여태까지 다른 사람의 느낌을 고려한 적이 없어요.

2 표현 활용하기 제시된 표현을 써서 다음 문장을 중국어로 써 보세요.

❶ 다음 주 수요일에 겨울 방학이 곧 시작됩니다. (就要…了)

➡ _____

❷ 나는 노동절을 이용해서 남방(南方)으로 여행 가기로 결정했습니다. (趁)

➡ _____

❸ 동료의 말을 들어 보니, 인터넷에서 사는 게 아주 쌉니다. (听…说)

➡ _____

❹ 그래서 나는 바로 인터넷에서 표 두 장을 예매했습니다(订). (于是)

➡ _____

❺ 나는 거기의 분위기(氛围)를 잘 느껴 봐야겠습니다. (感受)

➡ _____

3 【중국어 100% 흡수하기】 다음 일기를 중국어로 써 보세요.

윈난(云南) 여행

다음 주 금요일에 10월 1일 황금연휴가 ❶곧 시작된다(就要…了). 우리는 일주일을 쉴 수 있다. 나는 친구들과 ❷이번 기회를 이용해서(趁) 윈난으로 여행 가기로 결정했다. ❸중국 친구의 말을 들어 보니(听…说) 기차역에 가서 표를 예매하는 것이 매우 번거롭다고 한다. ❹그래서(于是) 우리는 바로 인터넷에서 샀다. 그리고 나서 우리는 또 윈난을 소개하는 책 한 권을 사러 서점에 갔다. 책에서 윈난은 풍경이 아름답고(风景美丽), 기후가 좋다(气候宜人)고 했다. 나는 중국 남방의 풍토와 인정(风土人情)을 잘 ❺느껴 봐야겠다(感受).

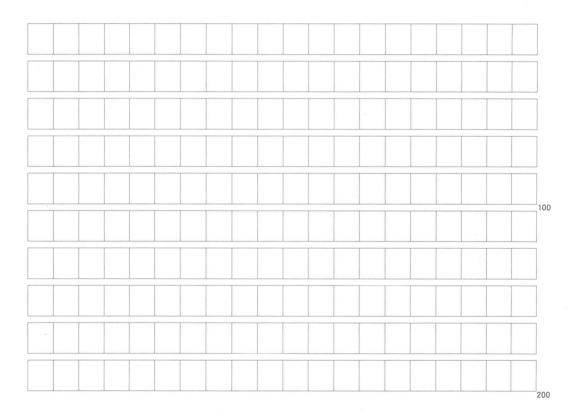

100

200

【단어】 起飞 qǐfēi 图 이륙하다 | 南方 nánfāng 명 남방 |
氛围 fēnwéi 명 분위기 | 云南 Yúnnán 고유 윈난, 운남 | 美丽 měilì 형 아름답다 |
气候宜人 qìhòu yírén 기후가 좋다, 기후가 알맞다 | 风土人情 fēngtǔ rénqíng 풍토와 인정

Track05-10

1 녹음을 듣고 다음 질문에 알맞은 답을 고르세요.

  ❶ A 他要努力工作

      B 他想和两位老人一起住

      C 他要照顾两位老人

      D 他很担心对方的生活

  ❷ A 从不放假   B 不喜欢旅游

      C 可以去旅游   D 很忙

2 다음 질문에 자유롭게 중국어로 답하세요.

A

B

  ❶ 这是什么地方? 他们在干什么?

  ➡ _____

  ❷ 韩国什么时候也有这样的情况?

  ➡ _____

  ❶ 这是中国的哪儿? 你去过吗?

  ➡ _____

  ❷ 韩国人常常去哪儿度假?

  ➡ _____

3 빈칸에 들어갈 알맞은 표현을 고르세요.

① 假期时间这么多，＿＿＿＿＿＿天天出去玩儿，＿＿＿＿＿＿多看几本书。

   A 与其 / 也不   B 除了 / 以外   C 与其 / 不如   D 不管 / 都

② 幸好你带了钥匙，＿＿＿＿＿＿我们就进不去了。

   A 难得   B 不然   C 因为   D 不如

③ ＿＿＿＿＿＿考完试了，我得好好儿放松放松。

   A 于是   B 再不   C 勉强   D 终于

4 제시된 단어를 이용하여 문장을 중국어로 써 보세요.

① 이번 기회는 굉장히 얻기 힘든 것이니, 절대 놓치지(错过) 마세요. (难得)

➡ ＿＿＿＿＿＿＿＿＿＿＿＿＿＿＿＿＿＿＿＿＿＿＿＿＿＿＿

② 그는 내가 없는 때를 틈타, 내 컴퓨터를 가져갔어요. (趁)

➡ ＿＿＿＿＿＿＿＿＿＿＿＿＿＿＿＿＿＿＿＿＿＿＿＿＿＿＿

③ 이왕 꼭 사야 되는 이상, 그럼 가장 좋은 것으로 삽시다. (既然)

➡ ＿＿＿＿＿＿＿＿＿＿＿＿＿＿＿＿＿＿＿＿＿＿＿＿＿＿＿

④ 베이징 오리구이(北京烤鸭)는 매우 유명해서, 한번 맛볼 만해요. (值得)

➡ ＿＿＿＿＿＿＿＿＿＿＿＿＿＿＿＿＿＿＿＿＿＿＿＿＿＿＿

단어 老人 lǎorén 몡 노인 | 包在…身上 bāozài…shēnshang ~에게 맡기다 | 对方 duìfāng 몡 상대방 |
度假 dùjià 동 휴가를 보내다 | 钥匙 yàoshi 몡 열쇠 | 错过 cuòguò 동 (기회, 대상 등을) 놓치다 |
北京烤鸭 Běijīng kǎoyā 몡 베이징 오리구이[음식명]

중국 단오절의 유래

　중국에서 단오절은 중국 전국(战国)시대 초(楚)나라의 정치가이자 시인이었던 굴원(屈原 Qū Yuán)을 기리는 날이에요. 초나라의 회왕(怀王 Huái wáng) 때 관료였던 굴원은 박학다식한 인물로 왕의 신임을 얻어 젊은 나이에 벼슬에 올랐고, 왕에게 충언도 아끼지 않았어요. 당시 전국시대의 격동기에 놓인 초나라는 주변 국가들과의 긴장 관계로 정치적 위기에 직면해 있었고, 부패한 귀족과 간신들로 인해 정국이 매우 어지러웠어요. 굴원은 왕을 도와 어지러운 정국을 바로잡으려 애썼지만 회왕은 굴원의 충언을 듣지 않았고, 다른 관료들의 모함으로 굴원은 유배되었어요. 결국 초나라는 진나라에 의해 함락되었어요. 이 소식을 들은 굴원은 슬픔을 탄식하다가 멱라강(汨罗江 Mìluó Jiāng)에 투신하여 애국심을 나타냈는데요, 이를 본 백성들이 그를 구하려고 용머리가 달린 배를 타고 급히 노를 저어 갔으나 끝내 구하지 못했어요. 그래서 굴원 시체를 물고기들이 먹지 말라는 의미에서 대나무 통에 찹쌀을 넣어 강물에 던져 주었어요. 그날이 음력 5월 5일이었다고 해요. 그 뒤 해마다 음력 5월이 되면 사람들이 충직하고 고결했던 굴원의 억울한 영혼을 위로하기 위해 제사를 지내게 되었다고 해요.　그래서 단오에 쫑즈(粽子 zòngzi)를 먹고, 용선경기(龙舟赛 lóngzhōusài)가 열리게 되었어요.

◆ 중국의 법정 공휴일 휴무

양력 1월 1일
1일 휴무

元旦 / 新年
Yuándàn / xīnnián
신정

음력 1월 1일
3일 휴무

春节
Chūn Jié
춘절, (음력) 설

양력 4월 5일 전후
1일 휴무

清明节
Qīngmíng Jié
청명절

양력 5월 1일
1일 휴무

劳动节
Láodòng Jié
노동절

음력 5월 5일
1일 휴무

端午节
Duānwǔ Jié
단오

음력 8월 15일
1일 휴무

中秋节
Zhōngqiū Jié
중추절, 추석

양력 10월 1일
3일 휴무

国庆节
Guóqìng Jié
국경절

TIP 중국의 법정 공휴일은 원래 총 11일인데, 대체 근무 제도를 시행하여 보통 휴가를 더 길게 쉬어요. 예를 들어, 법정 공휴일이 화요일인 경우, 전주 주말부터 월요일, 화요일 이렇게 4일을 이어서 쉬고, 원래 월요일은 근무일이었기 때문에 그날의 휴무는 다음 토요일에 대체 근무를 해요. 매년 구체적일 휴일 일정은 11월경에 중국 국무원 사무처에서 공포해요.

Track05-11

◆ 쓰기 도입 부분의 핵심 패턴

1 马上就要…了。 곧 ~것이다.
Mǎshàng jiùyào…le.

这个学期马上就要结束了。 이번 학기가 곧 끝나요.

2 我…已经…了。 나는 이미 ~했다.
Wǒ…yǐjīng…le.

我来中国留学已经三个月了。 나는 중국에 유학 온 지 이미 석 달이 되었어요.

3 我的业余爱好是…。 내 취미는 ~이다.
Wǒ de yèyú àihào shì….

我的业余爱好是拍照片。 내 취미는 사진을 찍는 것이에요.

◆ 쓰기 전개 부분의 핵심 패턴

1 在…方面 ~방면에서
zài…fāngmiàn

在学习这方面，他真的非常努力。 학습 이 방면에서 그는 정말 매우 열심히 해요.

2 在…的帮助下 ~의 도움으로
zài…de bāngzhù xià

在家人的帮助下，我终于实现了梦想。 가족의 도움으로 나는 마침내 꿈을 실현했어요.

3 听到这个消息后… 이 소식을 들은 후 ~하다
tīngdào zhège xiāoxi hòu…

听到这个消息后，我感到很难过。 이 소식을 들은 후 나는 매우 슬펐어요.

START!

6과

职场生活

직장 생활

트레이닝 듣기

Track06과

找工作
Zhǎo gōngzuò

东民　这么热的天，你急急忙忙
　　　Zhème rè de tiān, nǐ jíjímángmáng

　　　从哪儿回来啊?
　　　cóng nǎr huílai a?

朋友　我刚参加完一个招聘会，
　　　Wǒ gāng cānjiā wán yí ge zhāopìnhuì,

　　　休息休息，下午还有一个。
　　　xiūxi xiūxi, xiàwǔ hái yǒu yí ge.

东民　你最近不停地参加招聘会，一个接着一个，简直像
　　　Nǐ zuìjìn bù tíng de cānjiā zhāopìnhuì, yí ge jiēzhe yí ge, jiǎnzhí xiàng

　　　参加比赛。
　　　cānjiā bǐsài.

朋友　我也巴不得不参加，可是最近经济不景气，工作
　　　Wǒ yě bābudé bù cānjiā, kěshì zuìjìn jīngjì bù jǐngqì, gōngzuò

　　　不好找啊。
　　　bù hǎo zhǎo a.

Track06-02

□□ 职场 zhíchǎng 몡 직장, 일터

□□ 招聘会 zhāopìnhuì 채용 박람회

□□ 接 jiē 통 잇다, 연결하다

□□ 巴不得 bābudé 통 간절히 원하다, 몹시 바라다

□□ 经济 jīngjì 몡 경제

□□ 景气 jǐngqì 휑 경기가 좋다[경제 상황]
　　　　　몡 경기

□□ 凭 píng 개 ~에 의거하여, ~에 따라

□□ 学历 xuélì 몡 학력

□□ 眼光 yǎnguāng 몡 안목, 식견

今天我往一些大公司投了简历，不过我觉得凭我的
Jīntiān wǒ wǎng yìxiē dà gōngsī tóule jiǎnlì, búguò wǒ juéde píng wǒ de

学历没什么希望。
xuélì méi shénme xīwàng.

东民　你眼光太高了，为什么不试试一些小公司呢?
Nǐ yǎnguāng tài gāo le, wèishénme bú shìshi yìxiē xiǎo gōngsī ne?

朋友　我觉得从小学到大学十几年，换来的只是这样的结果，
Wǒ juéde cóng xiǎoxué dào dàxué shíjǐ nián, huànlai de zhǐ shì zhèyàng de jiéguǒ,

有点儿不甘心。
yǒudiǎnr bù gānxīn.

东民　你不要太心急，先从小公司做起❶，再慢慢儿找更好
Nǐ búyào tài xīn jí, xiān cóng xiǎo gōngsī zuòqǐ, zài mànmānr zhǎo gèng hǎo

的机会也不迟。
de jīhuì yě bù chí.

朋友　你说的也有道理，我下午投一些小公司看看。
Nǐ shuō de yě yǒu dàolǐ, wǒ xiàwǔ tóu yìxiē xiǎo gōngsī kànkan.

플러스 TIP

❶ 「동사+起」 형식은 '~하기 시작하다'라는 뜻을 나타내요. 앞에 从, 由(yóu ~로부터) 등이 올 수 있는데, 이때는 뒤에 명사를 쓸 수 없습니다.

□□ 甘心 gānxīn 통 만족하다, 원하다, 달가워하다　　□□ 迟 chí 형 늦다, 느리다, 더디다
□□ 心急 xīn jí 형 마음이 급하다, 조급해하다　　□□ 道理 dàolǐ 명 도리, 일리, 이치

─●확인 학습●─○×로 지문 판단하기─
❶ 最近经济不好，工作不容易找。(　　)
❷ 东民劝朋友从小公司做起。(　　)

6과 职场生活　119

Track06-03

STEP 1 녹음을 듣고 다음 질문에 알맞은 답을 고르세요.

❶ A 小王从来不迟到

　B 说话人担心小王没了工作

　C 经理要请小王吃饭

　D 小王很喜欢现在的工作

❷ A 天气变晴了

　B 今天天气阴

　C 男的经常回来很早

　D 女的没想到男的这么早回来

❸ A 小明以前成绩一直很好

　B 女的成绩不太好

　C 女的认为小明很努力

　D 男的上次考了第一

Track06-04

□□ 老 lǎo 🖣 늘, 항상, 아주

□□ 炒鱿鱼 chǎo yóuyú 해고하다

□□ 太阳从西边出来了
　　tàiyáng cóng xībian chūlai le
　　해가 서쪽에서 뜨다

□□ 嘛 ma 🖪 뚜렷한 사실을 강조할 때 쓰임

□□ 一下子 yíxiàzi 단시간에, 갑자기

□□ 第一名 dì-yī míng 제1위, 일등

□□ 下功夫 xià gōngfu 공을 들이다, 노력하다

녹음을 다시 한 번 들으며 빈칸을 채우세요.

❶ 小王，你上班_____，小心经理_____。

❷ 女 才六点就回来了，今天_____！

　　男 今天老板不在公司嘛。

❸ 男 以前小明学习_____，这次一下子考了个全班第一名！

　　女 你_____的话，你也可以。

🎋 중국어 표현 속으로

세상 일은 마음먹기에 달렸다

중국 옛말에 '三百六十行，行行出状元(sānbǎi liùshí háng, hángháng chū zhuàngyuan)'이라는 말이 있어요. 이 말은 '갖가지 직업마다 뛰어난 사람이 나오게 마련이다'라는 뜻인데요, 더 좋은 직장을 구하기 위해 고민하는 사람에게 충고할 때 많이 써요. 이와 비슷한 표현으로는 '干一行，爱一行(gàn yì háng, ài yì háng 자신이 하는 일을 사랑해야 한다)'이 있어요.

사회 생활을 하다 보면 여러 가지 힘든 일도 겪고 실패도 하겠죠. 하지만 열심히 노력하면 못 할 일이 없어요. 정성을 들여서 한 일은 쉽사리 실패하지 않으니까요. 중국어로 '마음만 먹으면 된다'는 '世上无难事，只怕有心人(shìshàng wú nánshì, zhǐ pà yǒuxīnrén 이 세상에서 마음만 먹으면 못 할 일이 없다)'이라고 해요.

Track06-05

高不成，低不就

STEP 1 녹음을 듣고 제시된 문장과 내용이 일치하는지 ○×로 표시하세요.

① 朋友的父母对她现在的情况很不满意。 ( )

② 为了找到满意的工作，朋友报了各种辅导班。 ( )

③ 朋友现在只想工作，公司大小没关系。 ( )

STEP 2 녹음 내용에 근거하여 다음 질문에 중국어로 답하세요.

① 朋友现在整天做什么？ 🎤 _____

② 朋友为什么头疼？ 🎤 _____

③ 朋友为什么不去大公司？ 🎤 _____

"毕业都一年多了，还整天去这辅导班去那辅导班的，你想靠我们＿＿＿＿＿＿＿＿＿＿？"一听到父母＿＿＿＿＿，朋友就＿＿＿＿。她自己也想工作，可是如今找工作＿＿＿＿＿＿＿＿＿？况且她又不是名牌大学毕业的。去大公司吧，＿＿＿＿＿＿；去小公司吧，又不乐意。真是＿＿＿＿＿＿，＿＿＿＿＿＿。

단어

Track06-06

- □□ 高不成, 低不就 gāo bù chéng, dī bú jiù 높은 것은 미치지 못하고, 낮은 것은 눈에 차지 않는다
- □□ 辅导班 fǔdǎobān 명 학원
- □□ 唠叨 láodao 동 되풀이하여 말하다, 잔소리하다
- □□ 如今 rújīn 명 현재, 지금
- □□ 况且 kuàngqiě 접 게다가, 더구나
- □□ 名牌大学 míngpái dàxué 명문 대학
- □□ 乐意 lèyì 동 ~하기를 원하다, ~하고 싶다

Track06-07

职场新人的烦恼
Zhíchǎng xīnrén de fánnǎo

我去年夏天毕业于**①**一所名牌大学。我上大学的时候在各
Wǒ qùnián xiàtiān bì yè yú yì suǒ míngpái dàxué.　　Wǒ shàng dàxué de shíhou zài gè

方面都很优秀，所以我找工作的时候，很容易就找到了。我的这
fāngmiàn dōu hěn yōuxiù, suǒyǐ wǒ zhǎo gōngzuò de shíhou, hěn róngyì jiù zhǎodào le. Wǒ de zhè

份工作是所有同学当中最好的，大家都很羡慕我，可是他们不
fèn gōngzuò shì suǒyǒu tóngxué dāngzhōng zuì hǎo de, dàjiā dōu hěn xiànmù wǒ, kěshì tāmen bù

知道我其实很郁闷。
zhīdào wǒ qíshí hěn yùmèn.

我们公司在国内确实**②**是一家屈指可数的大企业，而且工资
Wǒmen gōngsī zài guónèi quèshí shì yì jiā qūzhǐ kěshǔ de dà qǐyè, érqiě gōngzī

也不低。但是，我的上司们都是老油条，不但把他们的工作都推
yě bù dī.　　Dànshì, wǒ de shàngsimen dōu shì lǎoyóutiáo, búdàn bǎ tāmen de gōngzuò dōu tuī

到我身上，而且把我的功劳都算做他们自己的。更让我生气的是
dào wǒ shēnshang, érqiě bǎ wǒ de gōngláo dōu suànzuò tāmen zìjǐ de. Gèng ràng wǒ shēng qì de shì

我帮他们写报告的时候，他们却在玩儿电脑游戏、上网。
wǒ bāng tāmen xiě bàogào de shíhou, tāmen què zài wánr diànnǎo yóuxì、shàng wǎng.

我本来**③**想把这些情况告诉部门领导，可是我很担心领导
Wǒ běnlái xiǎng bǎ zhèxiē qíngkuàng gàosu bùmén lǐngdǎo, kěshì wǒ hěn dān xīn lǐngdǎo

以为我的人际关系不好，所以一直不敢说出来。我该怎么办呢?
yǐwéi wǒ de rénjì guānxi bù hǎo, suǒyǐ yìzhí bù gǎn shuō chūlai.　　Wǒ gāi zěnme bàn ne?

1 본문의 내용에 근거하여 다음 질문에 중국어로 답하세요.

① 她为什么很容易就找到了工作？　🎤 ＿＿＿＿＿＿＿＿＿＿＿＿＿

② 她们公司怎么样？　🎤 ＿＿＿＿＿＿＿＿＿＿＿＿＿

③ 她为什么说上司们都是老油条？　🎤 ＿＿＿＿＿＿＿＿＿＿＿＿＿

2 녹음을 듣고 본문과 일치하면 ○, 일치하지 않으면 ×를 표시한 후,
녹음 내용을 빈칸에 쓰세요.

Track06-08

① ＿＿ 因为工资很高，所以我＿＿＿＿＿＿＿＿＿。

② ＿＿ 我的领导＿＿＿＿＿＿的时候，我＿＿＿＿＿＿＿＿。

③ ＿＿ 我担心领导以为我的＿＿＿＿＿＿＿＿＿＿，所以不敢

＿＿＿＿＿＿＿＿＿。

단어

Track06-09

□□ 新人 xīnrén 몡 새내기, 신입		□□ 屈指可数 qūzhǐ kěshǔ 솅 손꼽을 정도이다
□□ 夏天 xiàtiān 몡 여름		□□ 企业 qǐyè 몡 기업
□□ 于 yú 꽤 ~에, ~에서		□□ 低 dī 혱 낮다
□□ 所 suǒ 명 채, 동[집, 학교 등을 세는 단위]		□□ 上司 shàngsi 몡 상사, 상관
□□ 方面 fāngmiàn 몡 방면, 분야, 영역		□□ 老油条 lǎoyóutiáo 몡 교활한 인간
□□ 优秀 yōuxiù 혱 우수하다		□□ 推 tuī 동 밀다, 미루다
□□ 所有 suǒyǒu 혱 모든, 전부의		□□ 功劳 gōngláo 몡 공로
□□ 当中 dāngzhōng 몡 중간, 그 중에서		□□ 算 suàn 동 셈에 넣다, 치다, 포함시키다
□□ 国内 guónèi 몡 국내		□□ 部门 bùmén 몡 부서
□□ 确实 quèshí 뮈 확실히, 틀림없이 혱 확실하다		人际关系 rénjì guānxi 인간관계

1 我去年夏天毕业于一所名牌大学。

나는 작년 여름에 명문 대학을 졸업했습니다.

于는 「동사+于+장소」 또는 「동사+于+시간」 형식으로 쓰여 처소나 범위, 시간, 출처 등을 나타냅니다.

我们公司的创始人出生于1910年。 우리 회사의 설립자는 1910년에 태어났어요.

韩国、中国、日本这三个国家都位于亚洲东部。

한국, 중국, 일본 이 세 나라는 모두 아시아 동부에 위치해 있어요.

해석하기   我们公司成立于2002年。

➡ _____

중작하기   우리 대학은 서울의 서쪽에 위치하고(位于) 있습니다.

➡ _____

2 我们公司在国内确实是一家屈指可数的大企业。

우리 회사는 국내에서 확실히 손꼽히는 대기업입니다.

确实는 부사로 쓰일 때는 '확실히'라는 뜻을 나타내고, 형용사로 쓰일 때는 '확실하다'라는 뜻을 나타냅니다.

这本书确实很好，可是大部分同学都没读过。

이 책은 확실히 좋아요. 그러나 대부분의 학교 친구들이 읽은 적이 없어요.

这是传闻，并不确实。 이것은 소문이라, 결코 확실하지 않아요.

해석하기 你不知道确实的情况，千万不要乱说。

⇒ _____

중작하기 그녀는 확실히 우리 반 여학생(女同学) 중에서 가장 예뻐요.

⇒ _____

3 我本来想把这些情况告诉部门领导。

나는 원래 이러한 상황들을 부서장에게 알리고 싶었습니다.

本来는 형용사로 쓰일 때는 '본래의', '원래의'라는 뜻을 나타냅니다. 부사로 쓰일 때는 '원래', '본래'라는 뜻으로 이전에는 그랬었지만 지금은 그렇지 않음을 나타내거나 '(이치대로라면) 당연히 ~되어야 한다'라는 뜻을 나타냅니다. 부사 本来 뒤에는 종종 就를 써서 어감을 강조합니다.

他的衣服太旧了，失去了本来的颜色。 그의 옷은 너무 낡아서 원래의 색상을 잃어버렸어요.
你的功课还没做完，本来就不能去玩！ 너는 숙제를 아직 다 안 끝냈잖아, 당연히 놀러 나가면 안 돼!

해석하기 他本来是我的同学，后来转学了。

⇒ _____

중작하기 그녀는 원래 뚱뚱했는데, 지금은 더 뚱뚱해졌습니다.

⇒ _____

단어 创始人 chuàngshǐrén 몡 설립자 | 出生 chūshēng 동 출생하다 | 位于 wèiyú 동 위치하다 |
亚洲 Yàzhōu 고유 아시아 | 东部 dōngbù 몡 동부, 동쪽 | 成立 chénglì 동 창립하다, 설립하다 |
大部分 dàbùfen 대부분 | 传闻 chuánwén 몡 소문, 전문 | 千万 qiānwàn 뮈 절대로, 제발 |
失去 shīqù 동 잃다, 잃어버리다 | 功课 gōngkè 몡 수업, 숙제 | 转学 zhuǎn xué 동 전학하다

1 표현 익히기   다음 표현을 익혀 보세요.

❶ A是A，不过… A shì A, búguò… A하기는 A하지만, 그러나 ~하다

   (예) 好看是好看，不过我不太喜欢。 예쁘긴 예쁘지만, 나는 별로 좋아하지 않아요.

❷ 不是…吗? bú shì…ma? ~가 아닌가?(* 반어법으로 일종의 강조 구문임)

   (예) 他怎么会在这儿? 你不是说他回国了吗?

        그가 왜 여기 있어요? 당신이 그는 귀국했다고 말하지 않았어요?

❸ 爽 shuǎng 형 개운하다, 상쾌하다

   (예) 晨练让人觉得神清气爽。 아침 운동을 하는 것은 정신을 맑게 하고 기분을 상쾌하게 만들어요.

❹ 好像…(似的) hǎoxiàng…(shìde) 마치 ~인 듯하다, 마치 ~인 것마냥

   (예) 你今天怎么了? 整天好像丢了魂似的。 당신 오늘 왜 그래요? 하루 종일 혼이 빠진 듯해요.

❺ 对…有好处 duì…yǒu hǎochù ~에 도움이 되다, ~에 득이 되다

   (예) 每天喝一两杯葡萄酒，对身体有好处。 매일 포도주 한두 잔을 마시는 것은 몸에 도움이 돼요.

2 표현 활용하기   제시된 표현을 써서 다음 문장을 중국어로 써 보세요.

❶ 그는 잘생기긴 잘생겼지만, 키가 조금 작아요. (A是A，不过…)

➡ _____

❷ 그 고전소설(古典小说)이 유명하지 않습니까? (不是…吗)

➡ _____

❸ 이곳은 공기가 좋아서 산책하면(散步) 느낌이 아주 상쾌해요. (爽)

➡ _____

❹ 모든 슬픔(悲伤)이 마치 싹 사라지는(消失) 듯했습니다. (好像)

➡ _____

❺ 가끔(偶尔) 등산하러 가면 건강에 도움이 됩니다. (对…有好处)

➡ _____

3 중국어 100% 흡수하기 다음 일기를 중국어로 써 보세요.

발 마사지(足疗) 도전기(挑战记)

나는 ❶내 일을 좋아하긴 좋아하지만, 요즘 늘 야근한다(A是A, 不过…). 하루의 일이 끝나고, 오늘은 정말 너무 피곤했다. 근처에 한국과 같은 그런 찜질방(桑拿浴)이 없어서 마침 아쉬워하고(可惜) 있을 때, 나는 갑자기 '발 마사지'라고 적혀 있는 간판(招牌)이 보였다. 맞다! ❷중국의 발 마사지는 유명하지 않는가(不是…吗)? 한번 해 보자. 비록 좀 아팠지만 느낌은 아주 ❸개운하고(爽) 편안했다. 모든 피로(疲劳)가 ❹마치 싹 사라지는 듯했다(好像). 가끔 한 번씩 발 마사지를 하면 ❺건강에 도움이 될 것이다(对…有好处).

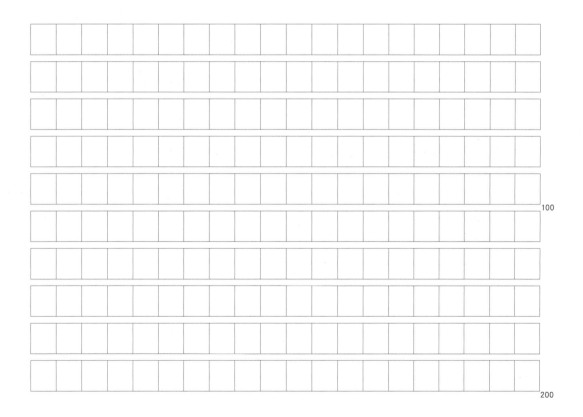

100

200

단어 晨练 chénliàn 图 아침 운동을 하다 | 神清气爽 shénqīng qìshuǎng 성 정신이 맑고 기분이 상쾌하다 |
魂 hún 명 혼, 넋 | 葡萄酒 pútaojiǔ 명 포도주 | 消失 xiāoshī 图 사라지다, 소멸되다 |
足疗 zúliáo 명 발 마사지 图 발을 마사지하다 | 挑战 tiǎozhàn 명 도전 |
桑拿浴 sāngnáyù 명 사우나, 찜질방 | 招牌 zhāopai 명 간판 | 疲劳 píláo 명 피로 형 피로하다

1 녹음을 듣고 다음 질문에 알맞은 답을 고르세요.

Track06-10

① A 小明说英语说得很流利

 B 小明在美国生活了很短的时间

 C 说话人没想到小明的英语水平那么高

 D 小明英语说得不好

② A 表扬 　　　　　 B 满意

 C 不满 　　　　　 D 高兴

2 다음 질문에 자유롭게 중국어로 답하세요.

A 　　　　B

① 他们可能在干什么呢?　　　① 他们可能在做什么呢?

➡ ＿＿＿＿＿＿＿＿＿＿　　➡ ＿＿＿＿＿＿＿＿＿＿

② 找工作的时候什么对你很重要?　② 在韩国什么职业很受欢迎?

➡ ＿＿＿＿＿＿＿＿＿＿　　➡ ＿＿＿＿＿＿＿＿＿＿

3 빈칸에 들어갈 알맞은 표현을 고르세요.

① 爱因斯坦出生_____德国。

  A 从　　　　　B 到　　　　　C 于　　　　　D 中

② 我认真想过你的话，你说得_____很对。

  A 千万　　　　B 确实　　　　C 并　　　　　D 正确

③ 我们_____就不认识，今天是初次见面。

  A 简直　　　　B 现在　　　　C 总是　　　　D 本来

4 제시된 단어를 이용하여 문장을 중국어로 써 보세요.

① 당신은 내가 가고 싶어 하지 않는다고 말했어요? 나는 지금 바로 가고 싶어요. (巴不得)

  ➡ _____

② 당신은 무슨 근거로 내가 당신의 물건을 훔쳤다고 말하는 거예요? (凭)

  ➡ _____

③ 대학 생활에 대해 이야기하기 시작하면, 모두들 항상 그리워합니다(怀念). (起)

  ➡ _____

④ 내 생각에 이 코트(大衣)는 싼 편이 아니에요. (算)

  ➡ _____

단어 │ 竟 jìng 🄫 의외로, 뜻밖에 │ 职业 zhíyè 🄫 직업 │ 爱因斯坦 Àiyīnsītǎn 고유 아인슈타인 │
正确 zhèngquè 🄫 정확하다 │ 怀念 huáiniàn 🄫 그리워하다

중국에서 제일 인기 있는 직업은?

중국은 인구 수가 많은 만큼 직업의 종류도 다양한데요. 중국에서는 직업의 종류를 1800여 가지로 구분한다고 해요. 게다가 요즘에는 귀청소 전문가(采耳师 cǎi'ěrshī), 호텔 수면 테스터(酒店试睡员 jiǔdiàn shìshuìyuán), 방언 통역사(方言翻译家 fāngyán fānyìjiā) 등 이색 직업들도 많이 생기면서 직업의 종류가 더 다양해지고 있어요. 이렇게 많은 직업들 중에서 중국인들은 과연 어떤 직업을 가장 선호할까요?

중국도 우리나라와 마찬가지로 공무원이 안정적이고 급여도 낮지 않기 때문에 많은 사람들이 선호한다고 해요. 그만큼 공무원 시험의 경쟁률이 무척 치열하겠죠. 중국의 한 취업연구소 조사 자료에 따르면 요즘에는 소프트웨어 및 정보 기술, 영업, 교육, 부동산, 과학 연구와 기술 서비스 등의 업종이 인기가 많다고 해요. 이 외에 최근 인터넷, SNS가 우리 생활에서 차지하는 비중이 커지면서 인플루언서를 통한 마케팅이 급증하고 있는데요, 인플루언서를 중국에서는 '왕홍(网红 wǎnghóng)'이라고 해요. 왕홍은 '인터넷'을 뜻하는 '网络(wǎngluò)'와 '유명한 사람'을 뜻하는 '红人(hóngrén)'을 합친 '网络红人'의 줄임말이에요. 왕홍이 되면 광고도 많이 찍게 되고, 엄청난 인기와 수익 때문에 왕홍이 되려고 하는 사람들이 많아지고 있어요.

그렇다면 중국인은 구직할 때 어떤 점들을 중요하게 생각할까요? 급여를 가장 중요시하고, 그 외에도 일과 생활의 균형이 잘 맞는지, 새로운 것을 배울 수 있는지, 안정적인지, 그 업종이나 회사의 전망이 좋은지, 전공과 맞는 일인지 등을 중요하게 생각한다고 해요. 그리고 회사가 어느 도시에 있는지도 중요하겠죠? 중국은 영토가 워낙 크다 보니 아무래도 산업이 발전한 도시에 취업하기를 선호한다고 하는데요, 가장 선호하는 도시는 베이징(北京), 상하이(上海), 선전(深圳 Shēnzhèn), 광저우(广州 Guǎngzhōu), 청두(成都 Chéngdū), 항저우(杭州), 칭다오(青岛), 난징(南京 Nánjīng), 충칭(重庆 Chóngqìng), 창사(长沙 Chángshā) 등이라고 하네요.

◆ 중국에서 인기 있는 주요 업종

销售
xiāoshòu
영업

房地产
fángdìchǎn
부동산

金融
jīnróng
금융

物流
wùliú
물류

咨询
zīxún
컨설팅

医药
yīyào
의약

网络游戏
wǎngluò yóuxì
온라인 게임

网络传媒
wǎngluò chuánméi
인터넷 미디어

教育培训
jiàoyù péixùn
교육

Track06-11

♦ 쓰기 확장 부분의 핵심 패턴

1 刚开始…，后来… 처음에~, 나중에~
gāng kāishǐ…, hòulái…

刚开始我并不喜欢，后来我慢慢儿地改变了。
처음에 나는 전혀 좋아하지 않았는데, 나중에 나는 천천히 변했어요.

2 一来…，二来… 첫째~, 둘째~
yī lái…, èr lái…

一来节省时间，二来锻炼身体。 첫째 시간을 절약하고, 둘째 몸을 단련해요.

3 首先…，然后…，最后… 먼저 ~하고, 그 다음에 ~하고, 마지막으로 ~하다
shǒuxiān…, ránhòu…, zuìhòu…

想要做好一件事，首先要有兴趣，然后要知道方法，最后要认真去做。
한 가지 일을 잘하려면, 먼저 흥미를 가져야 하고, 그 다음에 방법을 알아야 하며, 마지막으로 성실하게 해야 돼요.

♦ 쓰기 마무리 부분의 핵심 패턴

1 我希望… 나는 ~하기를 바라다
wǒ xīwàng…

我希望这个世界上没有烦恼。 나는 이 세상에 고민이 없기를 바라요.

2 从此以后… 이때부터~
cóngcǐ yǐhòu…

从此以后，我决定要努力做好每一件事。 이때부터 나는 모든 일을 열심히 하기로 결심했어요.

3 总之，我… 결국(결론적으로 말해서), 나는 ~하다
zǒngzhī, wǒ…

总之，我非常感谢他对我的帮助。 결국, 나는 그가 나를 도와준 것에 매우 감사해요.

START!

7과

爱情与婚姻

사랑과 결혼

트레이닝 듣기

Track07과

학습 포인트

- ▶ **말하기** 柴米油盐的幸福
- ▶ **듣 기** 结婚五周年
- ▶ **읽 기** 应该感谢小偷
  据｜幸亏｜把
- ▶ **쓰 기** 우체국에 가다

Track07-01

柴米油盐的幸福
Chái mǐ yóu yán de xìngfú

小林 今晚又要做什么大餐？
Jīn wǎn yòu yào zuò shénme dàcān?

买这么多菜。
Mǎi zhème duō cài.

冰冰 哦，今天我婆婆来我家
Ò, jīntiān wǒ pópo lái wǒ jiā

吃晚饭，我得露一手，
chī wǎnfàn, wǒ děi lòu yìshǒu,

让她看看我的厨艺。
ràng tā kànkan wǒ de chúyì.

小林 结婚前，你们多浪漫啊，我们都特别羡慕你。
Jié hūn qián, nǐmen duō làngmàn a, wǒmen dōu tèbié xiànmù nǐ.

可是现在的你却❶被柴米油盐包围了。
Kěshì xiànzài de nǐ què bèi chái mǐ yóu yán bāowéi le.

Track07-02

□□ 爱情 àiqíng 몡 애정, 사랑	□□ 大餐 dàcān 몡 풍성한 요리
□□ 与 yǔ 젭 ~와/과	□□ 婆婆 pópo 몡 시어머니
□□ 婚姻 hūnyīn 몡 혼인, 결혼	□□ 厨艺 chúyì 몡 요리 솜씨
□□ 柴米油盐 chái mǐ yóu yán (땔감, 곡식, 기름, 소금 등의) 생활 필수품	□□ 浪漫 làngmàn 혱 낭만적이다
	□□ 包围 bāowéi 동 둘러싸다
□□ 幸福 xìngfú 혱 행복하다	□□ 当 dàng 동 ~로 간주하다

冰冰 谈恋爱的时候都很浪漫的，可是浪漫不能当饭吃。
Tán liàn'ài de shíhou dōu hěn làngmàn de, kěshì làngmàn bù néng dàng fàn chī.

结了婚，过日子就得脚踏实地。
Jiéle hūn, guò rìzi jiù děi jiǎotà shídì.

小林 唉，婚姻真是爱情的坟墓。还是不结婚好。
Āi, hūnyīn zhēn shì àiqíng de fénmù.　　Háishi bù jié hūn hǎo.

冰冰 我觉得婚姻是爱情的结晶。
Wǒ juéde hūnyīn shì àiqíng de jiéjīng.

柴米油盐也有柴米油盐的幸福，和心爱的人在一起
Chái mǐ yóu yán yě yǒu chái mǐ yóu yán de xìngfú, hé xīn'ài de rén zài yìqǐ

生活是世界上最幸福的事。
shēnghuó shì shìjiè shang zuì xìngfú de shì.

小林 哈哈，你现在真是个"贤妻良母"了。
Hāhā, nǐ xiànzài zhēn shì ge "xiánqī liángmǔ" le.

플러스 **TIP**

❶ 전환을 나타내는 부사 却는 앞에 접속사 但是, 可是, 不过 등을 같이 쓸 수 있어요. 비슷한 뜻에 倒(dào 오히려, 도리어)도 있어요.

□□ 脚踏实地 jiǎotà shídì
　　　　성 일하는 것이 착실하다

□□ 坟墓 fénmù 명 무덤

□□ 结晶 jiéjīng 명 결정체, 성과, 결과

□□ 心爱 xīn'ài 형 진심으로 사랑하다

□□ 贤妻良母 xiánqī liángmǔ 현모양처

—•확인 학습•—○×로 지문 판단하기—
❶ 冰冰跟婆婆的关系不太好。(　　)
❷ 小林觉得婚姻是爱情的坟墓。(　　)

맛있는 듣기

Track07-03

STEP 1 녹음을 듣고 다음 질문에 알맞은 답을 고르세요.

❶ A 他们不喜欢吃生鱼片
B 他们喜欢吃别的菜
C 他们可能不点生鱼片
D 他们觉得生鱼片的价格不是很高

❷ A 没有工作
B 正在找工作
C 有点儿不讲理
D 不守承诺

❸ A 他们都认为儿子一定能考上名牌大学
B 女的认为儿子考不上名牌大学
C 他们的儿子又用功又聪明
D 女的同意男的的看法

단어

Track07-04

□□ 生鱼片 shēngyúpiàn 명 생선회
□□ …得起 …deqǐ (재정이나 능력 방면에서) ~할 수 있다
□□ 道 dào 양 요리를 세는 단위
□□ 老公 lǎogōng 명 남편
□□ 没事儿找事儿 méi shìr zhǎo shìr 긁어 부스럼을 만들다, 쓸데없는 일을 하다
□□ 讲理 jiǎng lǐ 동 이치를 따지다, 시비를 가리다
□□ 承诺 chéngnuò 동 승낙하다, 대답하다
□□ 成问题 chéng wèntí 문제가 되다, 문제시되다
□□ 同意 tóngyì 동 동의하다, 찬성하다
□□ 看法 kànfǎ 명 생각, 인식, 견해

❶ 生鱼片太贵了，我们怎么_____？还是_____吧。

❷ 男 你和你老公最近为什么总是吵架啊？

   女 他总是_____。

❸ 男 我们的儿子学习很用功，考名牌大学不成问题。

   女 _____。

🪭 중국어 표현 속으로

아내가 고우면 처갓집 말뚝 보고 절한다

어떤 사람을 좋게 보면 그 사람의 모든 것이 좋게 보이죠? 이 표현은 중국어로 '爱屋及乌(ài wū jí wū)'라고 하는데요, 너무 좋아하기에 그 집 지붕에 앉은 까마귀에게도 관심을 갖는다는 뜻이에요. 우리 속담에 '아내가 고우면 처갓집 말뚝 보고 절한다'라는 말과 비슷하죠.
중국에는 결혼과 관련된 표현들이 많아요. '남녀가 일정한 연령이 되면 결혼을 해야 한다'는 '男大当婚, 女大当嫁(nán dà dāng hūn, nǚ dà dāng jià)'라는 말도 있고요, 부모가 자녀를 위해 결혼 상대를 찾을 때는 두 집안의 지위나 조건이 비슷한지를 살펴보는데요, 이 말은 '门当户对(mén dāng hù duì 두 집안이 엇비슷하다)'라고 하죠. 또 '결혼 후 여자는 싫든 좋든 평생 남편을 따라야 한다'는 '嫁鸡随鸡, 嫁狗随狗(jià jī suí jī, jià gǒu suí gǒu)', 반대로 '조강지처는 쫓아낼 수가 없다'는 '糟糠之妻不下堂(zāokāng zhī qī bú xià táng)'처럼 재미난 표현도 있어요.

结婚五周年

STEP 1 녹음을 듣고 제시된 문장과 내용이 일치하는지 ○×로 표시하세요.

❶ 冰冰的老公结婚前后没有什么变化。 （　　　）

❷ 结婚后，冰冰的老公变得很懒，冰冰很不满意。 （　　　）

❸ 为了纪念结婚五周年，冰冰的老公买了一个大蛋糕。 （　　　）

STEP 2 녹음 내용에 근거하여 다음 질문에 중국어로 답하세요.

❶ 今天是什么日子？ 🎤 _____

❷ 冰冰为什么很生气？ 🎤 _____

❸ 冰冰的老公现在怎么样？ 🎤 _____

今天是冰冰和她老公结婚＿＿＿＿＿＿＿＿＿＿＿＿＿＿，
可是她老公＿＿＿＿＿＿＿＿＿＿＿＿＿＿。冰冰很生气，说:"想
想当年你追我的时候，那么有热情，连我小狗的生日你都
＿＿＿＿＿＿＿＿＿＿。再看看你现在，天天＿＿＿＿＿＿＿＿
＿＿＿＿，还……"老公有点儿＿＿＿＿＿＿＿，说:"都结婚
五年了，哪儿还有当时的热情啊?"

![단어]

Track07-06

- □□ 周年 zhōunián 명 주년
- □□ 纪念日 jìniànrì 명 기념일
  - *纪念 jìniàn 명 기념 동 기념하다
- □□ 干净 gānjìng 형 깨끗하다
- □□ 当年 dāngnián 명 그때, 그 당시, 그해

- □□ 热情 rèqíng 명 열정 형 열정적이다, 친절하다
- □□ 记得 jìde 동 기억하다
- □□ 懒 lǎn 형 게으르다
- □□ 不耐烦 bú nàifán 못 견디다, 귀찮다
- □□ 变化 biànhuà 명 변화 동 변화하다

7과 爱情与婚姻 141

应该感谢小偷
Yīnggāi gǎnxiè xiǎotōu

公司派我去上海出差。刚到酒店，我就接到了老婆的电话：
Gōngsī pài wǒ qù Shànghǎi chū chāi. Gāng dào jiǔdiàn, wǒ jiù jiēdàole lǎopo de diànhuà:

"老公，不好了。今天我们家被小偷偷了。"我跳了起来，问：
"Lǎogōng, bù hǎo le. Jīntiān wǒmen jiā bèi xiǎotōu tōu le." Wǒ tiàole qǐlai, wèn:

"丢东西了吗？你报警了没有？"老婆说："家里乱七八糟的，
"Diū dōngxi le ma? Nǐ bào jǐng le méiyǒu?" Lǎopo shuō: "Jiāli luànqībāzāo de,

衣柜里的一千块钱没了。警察下午来看过了，据❶他们说，幸亏❷
yīguì li de yìqiān kuài qián méi le. Jǐngchá xiàwǔ lái kànguo le, jù tāmen shuō, xìngkuī

那个小偷已经被抓住了，所以我们丢的东西都能找回来。"
nàge xiǎotōu yǐjīng bèi zhuāzhù le, suǒyǐ wǒmen diū de dōngxi dōu néng zhǎo huílai."

我松了一口气，对老婆说："快去看看我们的结婚照，后面
Wǒ sōngle yì kǒu qì, duì lǎopo shuō: "Kuài qù kànkan wǒmen de jiéhūnzhào, hòumiàn

有一个信封。"老婆放下电话，去看了看，然后拿起电话说："我
yǒu yí ge xìnfēng." Lǎopo fàngxia diànhuà, qù kànle kàn, ránhòu náqi diànhuà shuō: "Wǒ

看了，什么也没有。"这下我急了："不可能！出差前我还看过。
kàn le, shénme yě méiyǒu." Zhè xià wǒ jí le: "Bù kěnéng! Chū chāi qián wǒ hái kànguo.

一共八千块钱，是去年公司发给我的奖金。你一定要把❸那些钱
Yígòng bāqiān kuài qián, shì qùnián gōngsī fāgěi wǒ de jiǎngjīn. Nǐ yídìng yào bǎ nàxiē qián

跟警察说清楚。"老婆突然笑着说："好的。不过我应该感谢那个
gēn jǐngchá shuō qīngchu." Lǎopo tūrán xiàozhe shuō: "Hǎo de. Búguò wǒ yīnggāi gǎnxiè nàge

小偷发现了你的小金库，等你回来我再跟你算账。"
xiǎotōu fāxiànle nǐ de xiǎojīnkù, děng nǐ huílai wǒ zài gēn nǐ suàn zhàng."

1 본문의 내용에 근거하여 다음 질문에 중국어로 답하세요.

❶ 他接到电话后为什么跳了起来?　🎤 _____

❷ 那八千块钱是什么钱?　🎤 _____

❸ 他回家后，老婆会怎么样?　🎤 _____

2 녹음을 듣고 본문과 일치하면 ○, 일치하지 않으면 ✕를 표시한 후,
녹음 내용을 빈칸에 쓰세요.

Track07-08

❶ ☐　家里被小偷偷了，但是_____。

❷ ☐　我的_____有八千块钱，藏在_____的信封里。

❸ ☐　老婆打算等我_____。

Track07-09

☐☐ 老婆 lǎopo 몡 부인, 아내

☐☐ 跳 tiào 통 뛰다, 뛰어오르다

☐☐ 报警 bào jǐng 통 경찰에 신고하다

☐☐ 乱七八糟 luànqībāzāo 엉망진창이다

☐☐ 衣柜 yīguì 몡 옷장

☐☐ 警察 jǐngchá 몡 경찰

☐☐ 据 jù 깨 ~에 따르면, ~에 의거하여

☐☐ 幸亏 xìngkuī 뮈 다행히, 운 좋게

☐☐ 抓住 zhuāzhù 붙잡다, 체포하다

☐☐ 松(一)口气 sōng (yì) kǒu qì
안도의 한숨을 쉬다, 한시름 놓다

☐☐ 结婚照 jiéhūnzhào 몡 결혼사진

☐☐ 信封 xìnfēng 몡 편지 봉투

☐☐ 急 jí 혱 초조해하다, 서두르다

☐☐ 发 fā 통 보내다, 발송하다, 지급하다

☐☐ 奖金 jiǎngjīn 몡 상금, 상여금, 보너스

☐☐ 清楚 qīngchu 혱 명확하다, 뚜렷하다

☐☐ 小金库 xiǎojīnkù 몡 비자금, 비상금

☐☐ 算账 suàn zhàng 통 계산하다, 결판을 내다

☐☐ 藏 cáng 통 숨다, 숨기다

1 据他们说，……

그들 말에 따르면, ……

据는 '~에 따르면', '~에 의거하여'라는 뜻으로, 어떤 근거를 바탕으로 판단하거나 결론을 내리는 것을 나타냅니다. 보통 「据…说」 또는 「据…看」 등의 형식으로 자주 쓰입니다.

据我看，这件事还需要调查。 내가 보기에는(내 판단에 따르면), 이 일은 더 조사가 필요해요.

据国家统计，今年总出口量增加了百分之六十。

국가 통계에 따르면, 금년 총 수출량은 60% 증가했어요.

TIP 据说는 단독으로 쓰이면 '말하는 바에 의하면'이라는 뜻을 나타냅니다.

해석하기 据调查，百分之五十的上班族说自己压力很大。

➡ _____

중작하기 일기 예보에 따르면, 내일 오후에 비가 내릴 거라고 합니다.

➡ _____

2 幸亏那个小偷已经被抓住了。

다행히 그 도둑은 이미 붙잡혔습니다.

幸亏는 '다행히', '운 좋게'라는 뜻으로, 유리한 조건이나 기회 덕분에 좋지 않은 결과나 불행을 피했음을 나타냅니다. 「幸亏…才…(다행히 ~해서 간신히 ~했다)」 또는 「幸亏…不然/否则…(다행히 ~했기에 망정이지, 그렇지 않았으면 ~했다)」 형식으로 쓰입니다.

幸亏你做导游，我们玩儿得很开心。 당신이 가이드를 한 덕분에, 우리는 아주 신나게 놀았어요.

幸亏我们走了这条路，才没遇到强盗。

다행히 우리가 이 길로 가서 간신히 강도를 만나지 않았어요.

TIP 幸亏 대신 幸好로 바꾸어 쓸 수 있습니다.

해석하기 幸亏你来机场接我，不然我就迷路了。

➡ _____

중작하기 당신이 나를 도와준 덕분에 나는 비로소 이렇게 빨리 끝냈습니다(做完).

➡ _____

3 你一定要把那些钱跟警察说清楚。

당신은 반드시 그 돈들을 경찰에게 분명히 말해야 합니다.

把는 특정한 목적어를 술어 앞에 놓고 어떻게 처치한다는 것을 강조할 때 사용합니다. 동사 뒤에 반드시 동태조사, 동사 중첩, 결과보어, 방향보어, 정도보어 등을 써야 하며, 부정부사, 조동사, 시간부사 등은 일반적으로 把 앞에 위치합니다.

你快把你的手伸出来。 당신은 빨리 당신의 손을 내미세요.
你不能把这些垃圾扔在路上。 당신은 이 쓰레기들을 길에 버려서는 안 돼요.

TIP 把의 목적어는 일반적으로 확정적, 한정적인 것입니다. 따라서 목적어는 대부분 앞 문장에 나왔거나 말하는 쌍방이 이미 알고 있는 경우가 대부분입니다.

해석하기 请把这句话翻译成中文。

➡ _____

중작하기 이 일을 다른 사람에게 알리지 마세요.

➡ _____

단어 调查 diàochá 图 조사하다 | 统计 tǒngjì 图 통계하다 | 总出口量 zǒng chūkǒuliàng 총 수출량 | 增加 zēngjiā 图 증가하다 | 百分之 bǎi fēn zhī 퍼센트(%) | 强盗 qiángdào 圆 강도 | 迷路 mí lù 图 길을 잃다 | 翻译 fānyì 图 번역하다, 통역하다

1 표현 익히기 다음 표현을 익혀 보세요.

❶ 装 zhuāng 동 싣다, 넣다
   예 把行李装上车。 짐을 차에 실어요.

❷ 包 bāo 동 싸다, 싸매다, 포장하다
   예 把书包起来。 책을 포장해요.

❸ 往 wǎng 개 ~쪽으로, ~를 향해
   예 人往高处走，水往低处流。 사람은 높은 곳을 향해 가고, 물은 낮은 곳을 향해 흘러요.

❹ 幸好 xìnghǎo 부 다행히, 운 좋게
   예 幸好附近有个咖啡店可以坐坐。 다행히 근처에 커피숍이 있어서 앉을 수 있어요.

❺ 确认 quèrèn 동 (사실이나 원칙 등을) 확인하다
   예 帮我确认一下去中国的飞机几点飞。
   중국으로 가는 비행기가 몇 시에 출발하는지 저를 도와 확인 좀 해 주세요.

2 표현 활용하기 제시된 표현을 써서 다음 문장을 중국어로 써 보세요.

❶ 옷과 책을 상자(箱子) 안에 넣으세요. (装)

➡ _____

❷ 나는 방금 산 물건을 잘 포장했습니다. (包)

➡ _____

❸ 이건 학교로 배송하는(送) 택배(快递)입니다. (往)

➡ _____

❹ 나는 추위를 잘 타는데(怕冷), 다행히 이번 겨울은 비교적 따뜻합니다. (幸好)

➡ _____

❺ 당신의 전화번호와 주소(地址)를 확인해 주십시오. (确认)

➡ _____

3 중국어 100% 흡수하기 다음 일기를 중국어로 써 보세요.

우체국에 가다(之行)

나는 편지를 다 쓴(写好) 후, 편지를 ❶봉투 안에 넣고(装), 그 다음에 준비한 선물도 잘 ❷포장했다(包). 오후, 나는 집 근처에 있는 한 우체국에 갔다. 중국에서, 이번에 나는 우체국에 처음 갔다. 그래서 조금 긴장이 됐다. 나는 직원(工作人员)에게 이것은 ❸한국으로(往) 부치는 소포라고 알려 줬다. 그는 나한테 소포를 저울 위에 놓으라고 했다. ❹다행히(幸好) 그다지 무겁지 않아 우편료(邮费)가 아주 비싸지는 않았다. 나는 돈을 낸 후, 내가 쓴 주소를 또 한번 ❺확인했다(确认). 여자 친구가 빨리 내 선물을 받을 수 있기를 바란다.

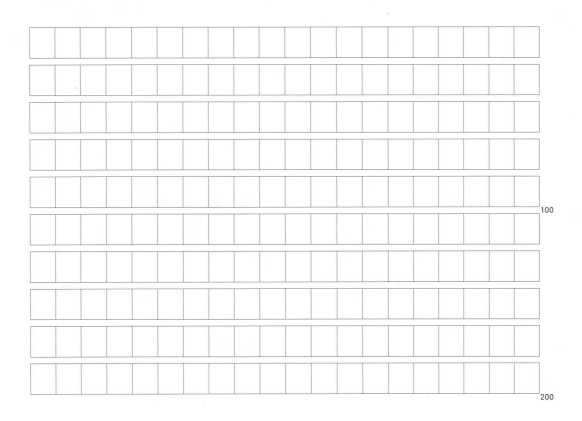

100

200

단어 处 chù 몡 곳, 장소 | 流 liú 몽 흐르다, 이동하다 | 飞 fēi 몽 날다, 비행하다 | 地址 dìzhǐ 몡 주소 | …之行 …zhī xíng ~로 가다, ~행 | 工作人员 gōngzuò rényuán 몡 직원 | 秤 chèng 몡 저울 | 邮费 yóufèi 몡 우편료

1 녹음을 듣고 다음 질문에 알맞은 답을 고르세요.

Track07-10

① A 会说汉语　　　　　　　B 东西的质量

　　C 东西的价格　　　　　　D 讲价

② A 钱不是很多

　　B 手有点儿不舒服

　　C 心情不太好

　　D 工作很累

2 다음 질문에 자유롭게 중국어로 답하세요.

A

B

① 他手里拿着什么? 打算干什么?

➡ _____

② 选择结婚对象时你最看重什么?

➡ _____

① 他们在干什么?

➡ _____

② 你想不想结婚? 为什么?

➡ _____

3 빈칸에 들어갈 알맞은 표현을 고르세요.

① _____他是世界上最有钱的人。

   A 据听　　　　　B 据算　　　　　C 据说　　　　　D 据看

② _____桌子收拾收拾，_____老板看见，又该说你了。

   A 把 / 被　　　　B 把 / 把　　　　C 被 / 把　　　　D 被 / 被

③ _____妈妈在家，不然就着火了。

   A 虽然　　　　　B 只有　　　　　C 幸亏　　　　　D 否则

4 제시된 단어를 이용하여 문장을 중국어로 써 보세요.

① 친구가 우리 집에 밥을 먹으러 와서, 나는 실력을 발휘해야 합니다. (露一手)

   ➡ _____

② 그는 아마 내가 만났던 사람 중에 가장 착실한 사람일 겁니다. (脚踏实地)

   ➡ _____

③ 그는 예전에는 말이 많았지만, 지금은 말하기를 즐겨 하지 않습니다. (却)

   ➡ _____

④ 나는 형의 간식을 다 먹어 치웠고, 그는 나와 결판을 내겠다고 말했습니다. (算账)

   ➡ _____

단어 　讨价还价 tǎojià huánjià 성 값을 흥정하다 ｜ 质量 zhìliàng 명 품질 ｜ 讲价 jiǎng jià 동 값을 흥정하다 ｜
手头(儿) shǒutóu(r) 명 경제 상황, 주머니 사정 ｜ 紧 jǐn 형 (생활이) 어렵다, 빠듯하다 ｜
看重 kànzhòng 동 중시하다 ｜ 着火 zháo huǒ 동 불이 나다

중국인의 결혼 문화

　　중국의 결혼에서 가장 중요한 절차는 혼인등기소에 가서 혼인 신고를 하고 결혼증(结婚证 jiéhūnzhèng)을 받는 것이에요. 요즘에는 情人节(2월 14일, 5월 20일, 5월 21일, 음력 7월 7일)에 혼인 신고하는 사람들이 엄청 많다고 해요. 결혼 신고 비용은 9위안인데 '婚姻长长久久(hūnyīn chángchángjiǔjiǔ 결혼이 오래 가다)'의 의미가 있대요. 결혼증을 받은 다음 택일을 하고 친지와 지인들을 불러 결혼식을 해요.

　　결혼식 날, 신랑은 신부를 맞이하기 위해 여러 대의 고급 승용차를 대동하기도 하는데요, 신랑이 신부를 데려가는 카퍼레이드는 신랑의 부를 상징해요. 중국의 결혼식은 주례 대신 결혼식 전문 사회자가 예식을 진행해요. 신랑 신부의 부모나 가까운 친지의 덕담을 듣고 가벼운 게임 등을 하기도 한답니다. 결혼식에서 신부의 의상은 일반적으로 최소 세 벌인데, 하얀색의 웨딩드레스, 빨간색의 전통 치파오(旗袍 qípáo), 다양한 색깔의 이브닝 드레스로 나눌 수 있어요. 그렇기 때문에 신랑 신부의 입장도 보통 세 번으로 나누어서 진행돼요. 결혼식 때 신랑 신부는 하객들에게 결혼 축하주(喜酒 xǐjiǔ)를 따르거나 축하 담배(喜烟 xǐyān)를 권하기도 해요. 또한 신랑 신부는 결혼식에 참석한 친지와 친구들 앞에서 술잔을 한 잔씩 들고 서로의 손을 교차하여 상대방의 술잔 안에 든 술을 마셔야 해요. 이것은 두 사람이 하나가 되었음을 의미하며, 앞으로 동고동락할 것을 뜻해요. 결혼식이 끝나면 결혼식 답례로 하객들에게 사탕(喜糖 xǐtáng)을 선물해 줘요.

　　우리나라에서 "언제 결혼할 거야?"라는 말을 "언제 국수 먹게 해 줄 거야?"라고 하듯이 중국에서도 비슷한 표현으로 "什么时候吃你的喜糖?(Shénme shíhou chī nǐ de xǐtáng? 언제 너의 결혼 사탕을 먹게 해 줄 거야?)" 또는 "什么时候喝你的喜酒?(Shénme shíhou hē nǐ de xǐjiǔ? 언제 너의 결혼 축하주를 마시게 해 줄 거야?)"라고 해요.

◆ 결혼 관련 단어

婚礼 hūnlǐ 결혼식	**新郎** xīnláng 신랑	**新娘** xīnniáng 신부
婚宴 hūnyàn 피로연	**请柬 / 请帖** qǐngjiǎn / qǐngtiě 청첩장	**婚戒** hūnjiè 결혼 반지
婚纱 hūnshā 웨딩드레스	**婚车** hūnchē 웨딩카	**公公** gōnggong 시아버지
婆婆 pópo 시어머니	**岳父** yuèfù 장인	**岳母** yuèmǔ 장모

쓰기에 강해지는 핵심 포인트

Track07-11

◆ 자주 쓰는 복문(1)

병렬관계 : 두 개 혹은 그 이상의 단문이 문장 안에서 평등 관계인 복문

一边…一边… ~하면서 ~하다
yìbiān…yìbiān…

不是…，而是… ~가 아니라 ~이다
búshì…, érshì…

又…又… ~하기도 하고 ~하기도 하다
yòu…yòu…

既…，也… ~하기도 하고 ~하기도 하다
jì…, yě…

他不是演员，而是歌手。 그는 배우가 아니라 가수예요.

我们俩既是同学，也是同事。 우리 둘은 동창이기도 하고 동료이기도 해요.

점층관계 : 뒷절의 내용이 앞절보다 그 정도나 범위 등이 더 심해지고 확대되는 복문

不但…，而且… ~뿐만 아니라, 게다가 ~하다
búdàn…, érqiě…

不光…，而且… ~뿐만 아니라, 게다가 ~하다
bùguāng…, érqiě…

不仅…，还… ~뿐만 아니라, 또 ~하다
bùjǐn…, hái…

连…都…，何况… ~조차도 ~하는데, 하물며~
lián…dōu…, hékuàng…

不光长高了，而且也变帅了。 키가 컸을 뿐만 아니라, 게다가 멋있어졌어요.

连小孩儿都知道，何况大人呢？ 어린아이도 다 아는데, 하물며 어른은요?

선택관계 : 두 개 혹은 그 이상의 선택 사항 중에서 하나를 선택하는 복문

或者…，或者… ~거나 ~하다
huòzhě…, huòzhě…

要么…，要么… ~든지 ~하다
yàome…, yàome…

不是…，就是… ~아니면 ~이다
búshì…, jiùshì…

与其…，不如… ~하느니 차라리 ~것이 낫다
yǔqí…, bùrú…

我每天或者开车，或者坐地铁去上班。 나는 매일 차를 운전하거나 지하철을 타고 출근해요.

我周末不是在家休息，就是去图书馆学习。

나는 주말에 집에서 쉬거나 아니면 도서관에 가서 공부해요.

START!

8과

消费生活

소비 생활

트레이닝 듣기

Track08과

학습 포인트

- ▶ **말하기** 便宜没好货
- ▶ **듣 기** 网上购物的喜与忧
- ▶ **읽 기** 网购上当记
  - 何况 | 当 | 经过
- ▶ **쓰 기** 아이치이(爱奇艺)에 반하다

Track08-01

便宜没好货
Piányi méi hǎo huò

东民 快看，我新买的这款
Kuài kàn, wǒ xīn mǎi de zhè kuǎn

耐克鞋，才300多块。
Nàikè xié, cái sānbǎi duō kuài.

阿美 专卖店里卖一千多块呢，
Zhuānmàidiàn li mài yìqiān duō kuài ne,

这鞋不会是假的吧？
zhè xié bú huì shì jiǎ de ba?

东民 我仔细看过，和专卖店里的一模一样。
Wǒ zǐxì kànguo, hé zhuānmàidiàn li de yìmú yíyàng.

老板说他们是打折销售，所以便宜，如果有问题，
Lǎobǎn shuō tāmen shì dǎ zhé xiāoshòu, suǒyǐ piányi, rúguǒ yǒu wèntí,

随时可以退换。
suíshí kěyǐ tuìhuàn.

阿美 那你可真是捡到大便宜❶了。
Nà nǐ kě zhēnshi jiǎndào dà piányi le.

Track08-02

- □□ 消费 xiāofèi 동 소비하다
- □□ 货 huò 명 물품, 상품
- □□ 款 kuǎn 양 스타일, 모양, 종류
- □□ 耐克 Nàikè 고유 나이키(Nike)
- □□ 专卖店 zhuānmàidiàn 전문 매장

- □□ 假 jiǎ 형 거짓의, 가짜의
- □□ 一模一样 yìmú yíyàng 성 완전히 똑같다, 같은 모양 같은 모습이다
- □□ 打折 dǎ zhé 동 할인하다
- □□ 销售 xiāoshòu 동 판매하다

(一个星期以后)

阿美 怎么没穿你的耐克鞋呢?
　　　Zěnme méi chuān nǐ de Nàikè xié ne?

东民 别提了，昨天突然下大雨，那双鞋居然❷掉色了。
　　　Bié tí le, zuótiān tūrán xià dàyǔ, nà shuāng xié jūrán diào shǎi le.

　　　我去退货，谁知道那家店已经变成饭馆儿了!
　　　Wǒ qù tuì huò, shéi zhīdào nà jiā diàn yǐjīng biànchéng fànguǎnr le!

阿美 真是便宜没好货，下次还是去专卖店买吧。
　　　Zhēnshi piányi méi hǎo huò, xiàcì háishi qù zhuānmàidiàn mǎi ba.

플러스 **TIP**

❶ 捡은 '줍다', 便宜는 '싸다'라는 뜻으로, 捡到便宜는 즉 '싸게 잘 샀다'라는 뜻을 나타내요.
❷ 居然은 竟然(jìngrán 뜻밖에)으로 바꾸어 쓸 수 있어요.

□□ 随时 suíshí ⬝ 수시로, 언제나　　　　□□ 居然 jūrán ⬝ 뜻밖에, 의외로

□□ 退换 tuìhuàn ⬝ 환불하거나 교환하다　　□□ 掉色 diào shǎi ⬝ 탈색되다, 색이 바래다

□□ 捡 jiǎn ⬝ 줍다　　　　　　　　　　　□□ 退货 tuì huò ⬝ 반품하다, 환불하다

─●확인 학습●─○×로 지문 판단하기─────────────────────

❶ 东民在专卖店买了一双便宜的耐克鞋。(　　)
❷ 东民买的耐克鞋质量很好。(　　)

STEP 1 녹음을 듣고 다음 질문에 알맞은 답을 고르세요.

① A 没见到

B 只见了五分钟

C 五分钟之内能见到

D 五分钟以后就可以见到

② A 女的每天睡得很早

B 男的因为睡得少生病了

C 男的同意女的的话

D 两人都晚睡早起

③ A 他们打算结婚以后去旅游

B 女的相信男的的话

C 女的听了以后很高兴

D 女的不相信男的的话

□□ 之内 zhī nèi ~의 안, ~이내

□□ 彼此 bǐcǐ 몡 피차, 서로

□□ 周游 zhōuyóu 동 주유하다, 두루 돌아다니다

□□ 说到做到 shuōdào zuòdào
말한 것은 반드시 실행하다, 약속은 반드시 지키다

□□ …才怪呢 …cái guài ne
~하면 오히려 이상한 일이다

녹음을 다시 한 번 들으며 빈칸을 채우세요.

❶ 小王，你要是＿＿＿＿＿＿＿＿＿＿＿＿＿，＿＿＿＿＿＿＿＿＿＿经理了。

❷ 女 你每天这样晚睡早起，＿＿＿＿＿＿＿＿＿＿＿＿＿＿＿。

   男 算了吧，＿＿＿＿＿＿＿＿＿＿！

❸ 男 结婚以后我一定带你去周游世界，我＿＿＿＿＿＿＿＿＿。

   女 我相信你＿＿＿＿＿＿！

🪭 중국어 표현 속으로

싼 것이 비지떡

가격이 저렴하다고 물건을 샀다가 낭패를 본 경험은 누구나 있죠. 이때 '싼 것이 비지떡이다'라고 말해요. 이 말은 '값이 싼 물건이 당연히 품질도 떨어진다'라는 뜻인데요, 중국어로는 '便宜没好货(piányi méi hǎo huò)'라고 해요. 이것과 유사한 표현으로는 '一分钱，一分货(yì fēn qián, yì fēn huò)'가 있어요. 여기서 分은 중국에서 가장 낮은 화폐 단위를 말해요. 즉 '한 푼으로는 한 푼어치의 물건밖에 살 수 없다'라는 뜻이죠.

중국 사람들은 물건을 살 때 주장하는 원칙이 하나 있어요. 바로 '货比三家不吃亏(huò bǐ sān jiā bù chī kuī)'인데요, '같은 물건이라도 세 군데 이상 가치를 따져 봐야 손해를 보지 않는다'라는 뜻이에요.

网上购物的喜与忧

STEP 1 녹음을 듣고 제시된 문장과 내용이 일치하는지 ○×로 표시하세요.

❶ 阿美最近迷上了电视购物。　　　　　　　　　　（　　　）

❷ 阿美在网上买了手表、运动鞋等等。　　　　　　（　　　）

❸ 阿美买的运动鞋质量很好，价钱也便宜。　　　　（　　　）

STEP 2 녹음 내용에 근거하여 다음 질문에 중국어로 답하세요.

❶ 阿美为什么很高兴?　　　　🎤 _____

❷ 阿美买的运动鞋怎么了?　　🎤 _____

❸ 现在阿美知道什么了?　　　🎤 _____

阿美是个购物狂，最近她_____。上个星期她在一个网站上买了一套化妆品和一块手表，不光_____，_____也不错，还_____。别提多高兴了！阿美天天_____这个网站。这个星期她又买了一双运动鞋，可_____就坏了。现在阿美知道了，网上购物质量也是有好有坏的。

단어

- □□ 喜 xǐ 기쁜 일, 경사
- □□ 忧 yōu 근심, 걱정
- □□ 迷上 míshang ~에 빠지다, ~에 매혹되다
- □□ 网站 wǎngzhàn 명 (인터넷) 웹 사이트
- □□ 化妆品 huàzhuāngpǐn 명 화장품

- □□ 手表 shǒubiǎo 명 손목시계
- □□ 价钱 jiàqián 명 가격
- □□ 质量 zhìliàng 명 품질
- □□ 运动鞋 yùndòngxié 명 운동화

Track08-07

网购上当记
Wǎnggòu shàng dàng jì

我从来不相信网上购物，觉得亲自去商场买东西都有可能
Wǒ cónglái bù xiāngxìn wǎngshàng gòuwù, juéde qīnzì qù shāngchǎng mǎi dōngxi dōu yǒu kěnéng

上当，何况❶网络这个虚拟世界呢？
shàng dàng, hékuàng wǎngluò zhège xūnǐ shìjiè ne?

可是有一天当❷我上网看新闻时，不小心点击了一个跳出的
Kěshì yǒu yì tiān dāng wǒ shàng wǎng kàn xīnwén shí, bù xiǎoxīn diǎnjīle yí ge tiàochū de

小广告，是一个购物网站。网站上的商品琳琅满目，看起来还不
xiǎo guǎnggào, shì yí ge gòuwù wǎngzhàn. Wǎngzhàn shang de shāngpǐn línláng mǎnmù, kàn qǐlai hái bú

错。结果，这一进去就出不来了。网站上正好有我想买的香奈尔
cuò. Jiéguǒ, zhè yí jìnqu jiù chū bu lái le. Wǎngzhàn shang zhènghǎo yǒu wǒ xiǎng mǎi de Xiāngnài'ěr

香水，经过❸比较，我发现比百货商店里卖的便宜得多。我立刻
xiāngshuǐ, jīngguò bǐjiào, wǒ fāxiàn bǐ bǎihuò shāngdiàn li mài de piányi de duō.　　　Wǒ lìkè

就买了一瓶香奈尔香水。卖家承诺三天之内发货，可是谁知道一
jiù mǎile yì píng Xiāngnài'ěr xiāngshuǐ. Màijiā chéngnuò sān tiān zhī nèi fā huò, kěshì shéi zhīdào yí

个星期过去了，也没见到商品，连卖家也联系不上了。原来这个
ge xīngqī guòqu le, yě méi jiàndào shāngpǐn, lián màijiā yě liánxì bu shàng le. Yuánlái zhège

网站是假的。我的手里只剩下一张收据，真想大哭一场。
wǎngzhàn shì jiǎ de. Wǒ de shǒuli zhǐ shèngxià yì zhāng shōujù, zhēn xiǎng dà kū yì cháng.

1 본문의 내용에 근거하여 다음 질문에 중국어로 답하세요.

① 她为什么不相信网上购物？ 🎤 _____

② 她是怎么进那个网站去的？ 🎤 _____

③ 她收到了香奈尔香水了吗？ 🎤 _____

2 녹음을 듣고 본문과 일치하면 ○, 일치하지 않으면 ×를 표시한 후,
녹음 내용을 빈칸에 쓰세요.

Track08-08

① [ ] 我觉得亲自去商场买东西_____。

② [ ] _____香水比百货商店里的便宜，所以我_____。

③ [ ] 卖家承诺_____，可是我一直没收到。

단어

Track08-09

□□ 网购 wǎnggòu 동 인터넷 쇼핑을 하다
[网上购物의 약칭]

□□ 上当 shàng dàng 동 속다, 사기를 당하다

□□ 亲自 qīnzì 부 직접, 손수, 친히

□□ 何况 hékuàng 접 더군다나, 하물며

□□ 网络 wǎngluò 명 네트워크, 인터넷

□□ 虚拟世界 xūnǐ shìjiè 가상 세계

□□ 当 dāng 개 바로 그때, 바로 그곳

□□ 点击 diǎnjī 동 클릭하다

□□ 广告 guǎnggào 명 광고

□□ 商品 shāngpǐn 명 상품

□□ 琳琅满目 línláng mǎnmù
형 갖가지 훌륭한 물건이 가득하다

□□ 香奈尔 Xiāngnài'ěr 고유 샤넬(Chanel)

□□ 香水 xiāngshuǐ 명 향수

□□ 经过 jīngguò 동 통하다, 거치다
명 경과, 과정

□□ 比较 bǐjiào 동 비교하다

□□ 立刻 lìkè 부 즉시, 당장

□□ 卖家 màijiā 명 파는 쪽, 판매자

□□ 收据 shōujù 명 영수증

□□ 场 cháng 양 차례, 회[일의 경과를 세는 단위]

1 何况网络这个虚拟世界呢?

하물며 인터넷이라는 이 가상 세계는요?

何况은 '더군다나', '하물며'라는 뜻으로, 앞에는 又나 更을 쓸 수 있고, 문장 끝에는 종종 呢를 넣어 함께 씁니다.

他那么帅的人都没有女朋友，更何况是我呢?
그처럼 그렇게 잘생긴 사람도 여자 친구가 없는데, 더군다나 내가요?

连中国人也不知道，何况你呢? 중국인조차도 모르는데, 하물며 당신은 어떻겠어요?

TIP 앞절에 「连…也/都」 형식을 넣어 「连…也/都, (更)何况…呢?」 형식으로 쓰이면 '~조차도 ~하는데, 하물며 ~는 어떠하겠는가?'라는 의미를 나타냅니다.

해석하기　**大人都搬不动，更何况孩子呢?**

　　　➡ _____

중작하기　나도 이렇게 기쁜데, 하물며 당신 아버지는요?

　　　➡ _____

2 可是有一天当我上网看新闻时, ……

그러나 어느 날 나는 인터넷으로 신문을 보고 있을 때, ……

当은 '바로 그때', '바로 그곳'이라는 뜻으로, 어떤 동작이 발생한 시점이나 장소를 나타냅니다. 「当+절/동사+的时候/时」 형식으로 쓰이면 '~할 때'라는 의미를 나타내고, 이때는 正이나 每 등의 부사가 앞에 올 수 있습니다.

当你学习的时候，不要做别的事情。 당신은 공부할 때, 다른 일은 하지 마세요.
每当我走在这条路上的时候，都觉得心情很好。 매번 나는 이 길을 걸을 때마다, 기분이 좋아요.

해석하기 当我看她的时候，我发现她也正看着我。

➡ _____

중작하기 내가 중국에서 공부할 때, 그는 아직 미국에서 유학 중이었습니다.

➡ _____

3 经过比较，……

비교를 통해, ……

经过는 '통하다', '거치다'라는 뜻으로, 「经过+명사/동사/절」형식으로 쓰여 어떤 과정을 통해 결과가 나타남을 표현합니다. 또한 '事情的经过(사건의 경과)'처럼 '경과', '과정'이라는 명사로도 쓰입니다.

经过多次联系，我终于和她见面了。 여러 번의 연락을 통해. 나는 마침내 그녀와 만났어요.
经过聊天，我对他的了解更深了。 대화를 통해. 나는 그에 대해 더 깊이 이해하게 되었어요.
这个事情的经过跟警察说清楚了。 이 사건의 경과는 경찰과 명확하게 말했어요.

해석하기 经过这件事，我发现他是个值得相信的人。

➡ _____

중작하기 3년간의 노력을 통해, 그는 결국 자신의 집(房子)을 샀습니다.

➡ _____

단어 深 shēn 형 깊다

1 표현 익히기 다음 표현을 익혀 보세요.

❶ 至少 zhìshǎo 🔟 적어도, 최소한
  예 一天至少要睡八个小时。 하루에 적어도 8시간은 자야 해요.

❷ 不用 búyòng 🔟 ~할 필요 없다
  예 我是那里的常客，不用预订。 나는 그곳의 단골이라 예약할 필요가 없어요.

❸ 省 shěng 🔟 절약하다, 아끼다
  예 现在堵车很厉害，坐地铁去可以省时间。
    지금 차가 너무 막혀서, 지하철을 타고 가면 시간을 절약할 수 있어요.

❹ 离不开 lí bu kāi 떨어질 수 없다, ~없이는 살 수 없다
  예 他每天都要熬夜，离不开咖啡。 그는 매일 밤을 새워서 커피 없이는 살 수 없어요.

❺ 一…就… yī…jiù… ~하자마자 곧 ~하다
  예 我一闻到酒味儿就头疼。 나는 술 냄새를 맡자마자 머리가 아파요.

2 표현 활용하기 제시된 표현을 써서 다음 문장을 중국어로 써 보세요.

❶ 나는 한 달에 적어도 한 번은 등산하러 갑니다. (至少)

➡ _____

❷ 내가 가면 되니 당신은 올 필요 없습니다. (不用)

➡ _____

❸ 세일할 때 옷을 사면 돈을 절약할 수 있습니다. (省)

➡ _____

❹ 지금 많은 사람들이 핸드폰 없이는 살 수 없습니다. (离不开)

➡ _____

❺ 그는 매우 똑똑해서 선생님이 가르치자마자 바로 할 줄 압니다. (一…就…)

➡ _____

3 중국어 100% 흡수하기 다음 일기를 중국어로 써 보세요.

아이치이(爱奇艺)에 반하다(爱上)

나는 영화 보는 것을 매우 좋아한다. 한국에 있을 때, 영화관에 가든 아니면 인터넷으로든, 나는 일주일에 ❶적어도(至少) 영화 한 편은 봤다. 중국에 오고 나서, 영화관이 내가 사는 곳에서 멀어서, 나는 아이치이를 이용해서(使用) 영화를 본다. 이러면 ❷영화표를 예매할 필요도 없고(不用), 줄을 설(排队) 필요도 없으며(不用), 게다가 중국의 아이치이의 멤버십(会员) 요금은 매우 싸서 ❸돈을 절약할 수 있다(省). 지금 나는 ❹아이치이가 없이는 살 수 없다(离不开). ❺틈만 나면 켜서 본다(一…就…).

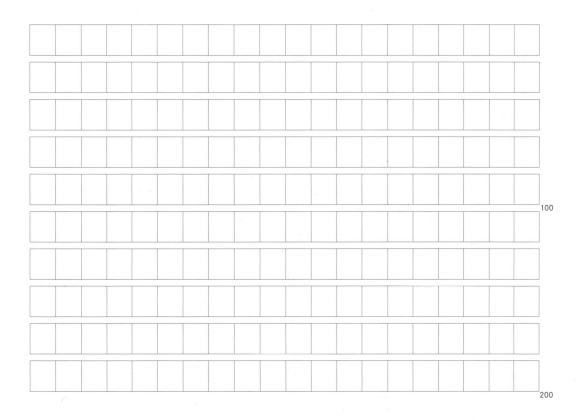

100

200

단어 常客 chángkè 몡 단골 ┃ 预订 yùdìng 동 예약하다 ┃
爱奇艺 Àiqíyì 고유 아이치이, IQIYI[중국의 온라인 동영상 플랫폼] ┃
爱上 àishang 반하다, 사랑하게 되다 ┃ 使用 shǐyòng 동 사용하다, 이용하다 ┃
排队 pái duì 동 줄을 서다, 순서대로 정렬하다 ┃ 会员 huìyuán 몡 회원, 멤버십

Track08-10

1 녹음을 듣고 다음 질문에 알맞은 답을 고르세요.

① A 骄傲 B 奇怪
C 内向 D 开朗

② A 现在是同学
B 以前是同事
C 现在一起工作
D 现在一起学习

2 다음 질문에 자유롭게 중국어로 답하세요.

A

① 她们在干什么呢?

➡ _____

② 你喜欢在哪儿购物? 为什么?

➡ _____

B

① 他在干什么?

➡ _____

② 你喜欢哪种结账方式? 为什么?

➡ _____

3 빈칸에 들어갈 알맞은 표현을 고르세요.

① 连你这个行家都不知道，_____他这个新手呢？

　A 居然　　　　　B 何况　　　　　C 不用　　　　　D 怎么

② _____看到这张照片时，他就会想起以前在大学的生活。

　A 每当　　　　　B 要么　　　　　C 彼此　　　　　D 于是

③ _____讨论，大家决定一起去欧洲旅游。

　A 关于　　　　　B 据说　　　　　C 结果　　　　　D 经过

4 제시된 단어를 이용하여 문장을 중국어로 써 보세요.

① 그가 의외로 이런 일을 할 수 있다니, 나는 믿을 수 없어요. (居然)

➡ _____

② 걱정하지 마세요. 무슨 문제가 있으면 언제든지 나한테 물으세요. (随时)

➡ _____

③ 사람들이 다 도착했으면 즉시 출발합시다. (立刻)

➡ _____

④ 총장님(校长)은 친히 장 교수님을 마중하러 공항에 가셨습니다. (亲自)

➡ _____

단어　眼里 yǎnli 명 눈 속, 안중, 마음속 ｜ 内向 nèixiàng 형 내성적이다 ｜ 缘 yuán 인연 ｜
方式 fāngshì 명 방식 ｜ 欧洲 Ōuzhōu 고유 유럽 ｜ 校长 xiàozhǎng 명 교장, (대학의) 총장

중국의 인터넷 세계

요즘은 해외의 물건을 직구로 사는 사람들이 많아지면서 중국 쇼핑몰 사이트에서 물건을 구매하는 경우도 많아지고 있어요. 특히 많은 사람들이 핸드폰으로 주문하기 때문에 모바일 앱(APP)을 이용하는 경우가 많아요. 중국의 유명 쇼핑몰은 淘宝(Táobǎo), 京东(Jīngdōng), 拼多多(Pīnduōduō) 등이 있어요. 그렇다면 쇼핑몰 외에 중국 사람들이 많이 이용하는 웹 사이트와 모바일 앱은 어떤 것들이 있을까요?

◆ 중국의 유명 웹 사이트

바이두(百度) www.baidu.com

한국에 네이버가 있다면, 중국에는 바이두가 있어요. 바이두는 중국 시장에서 80%에 가까운 시장 점유율을 보이며 세계 최대 인구를 자랑하는 중국 시장을 독점하고 있어요.

텐센트(腾讯网) www.qq.com

텐센트(Tencent)는 1998년 11월에 중국 광동 선전에 설립되었어요. 현재 중국 최대의 인터넷 서비스 회사이며, 가입자 또한 가장 많아요.

시나닷컴(新浪网) www.sina.com

시나닷컴 산하의 북경시나, 홍콩시나, 타이베이시나, 북미시나 등은 전 세계 화교 사회의 중국어 사이트를 아우르고 있어요. 중국 최대의 소셜 네트워크 사이트인 시나 웨이보(新浪微博)를 서비스해요.

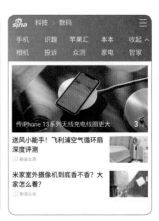

◆ 중국의 유명 모바일 앱(APP)

위챗(微信) wechat

위챗은 2011년에 출시되어 스마트폰에서 실시간 메시지 서비스를 제공하고, 인터넷을 통해 음성, 영상, 사진, 문자 메시지를 보낼 수 있어요. 우리나라의 카카오톡과 비슷해요.

틱톡(抖音) Tik Tok

틱톡은 다양하고 기발한 아이디어를 짧은 클립 영상으로 제작하여 공유하는 플랫폼이에요. 15초 분량의 짧은 동영상을 찍어 자유롭게 공유할 수 있으며, 스마트폰만 있으면 누구나 쉽게 이용할 수 있어요. 150여 개의 나라에서 75개 언어로 서비스되고, 전 세계에 가입자는 10억 명을 넘어섰어요.

◆ 인터넷 관련 용어

首页 shǒuyè 메인 페이지	登录 dēnglù 로그인	退出 tuìchū 로그아웃
弹窗 tánchuāng 팝업 창	上传 shàngchuán 업로드	下载 xiàzài 다운로드
帐号 zhànghào 아이디(ID)	密码 mìmǎ 비밀번호(PW)	确定 quèdìng 확인
修改 xiūgǎi 수정	删除 shānchú 삭제	关闭 guānbì 닫기

Track08-11

◆ 자주 쓰는 복문(2)

인과관계 : 앞절에 원인을 제시하고, 뒷절에 그 결과를 설명하는 복문

因为…，所以… ~때문에, 그래서 ~하다
yīnwèi…, suǒyǐ…

既然…，那么… 이왕 ~된 이상, 그럼 ~하다
jìrán…, nàme…

由于…，因此… ~로 인해서, 그리하여 ~하다
yóuyú…, yīncǐ…

之所以…，是因为… ~한 것은 ~이기 때문이다
zhī suǒyǐ…, shì yīnwèi…

既然你选择了这个工作，那么就要好好儿做。
이왕 당신은 이 일을 선택한 이상, 그럼 잘 해야 해요.

他之所以生病了，是因为熬了三天夜。 그가 병이 난 것은 3일 밤을 새웠기 때문이에요.

가정관계 : 앞절에 어떤 상황을 가정하고, 뒷절에 가정의 결과를 설명하는 복문

如果…，就… 만약 ~라면, 곧 ~하다
rúguǒ…, jiù…

要是…，就… 만약 ~라면, 곧 ~하다
yàoshi…, jiù…

…的话，就… ~라면, 곧 ~하다
…dehuà, jiù…

即使…，也… 설령 ~하더라도 ~하다
jíshǐ…, yě…

有机会的话，我就想去西安看看。 기회가 있다면, 나는 시안에 가 보고 싶어요.

即使遇到困难，也要坚持下去。 설령 어려움이 닥치더라도 계속 견뎌야 해요.

조건관계 : 앞절에 어떤 조건을 제시하고, 뒷절에 그 조건에 의해 나타나는 결과를 설명하는 복문

只要…，就… ~하기만 하면 ~하다
zhǐyào…, jiù…

只有…，才… 오로지 ~해야만 비로소 ~하다
zhǐyǒu…, cái…

不管…，都… ~에 관계없이 다 ~하다
bùguǎn…, dōu…

除非…，否则… ~하지 않으면 ~하다
chúfēi…, fǒuzé…

只要不放弃，就会有好结果。 포기하지만 않으면, 곧 좋은 결과가 있을 거예요.

除非质量有问题，否则不可以退货。 품질에 문제가 있어야지, 그렇지 않으면 반품할 수 없어요.

Track09-01

1 녹음을 듣고 제시된 문장과 내용이 일치하는지 ○×로 표시하세요. 🎧

❶ 老婆不同意给妈妈送花。 ☐

❷ 他的工资不高，所以感到压力很大。 ☐

❸ 海南岛的景色很美。 ☐

❹ 小偷还没被警察抓住。 ☐

2 대화를 듣고 질문에 알맞은 답을 고르세요. 🎧

❶ A 要去相亲   B 换发型了
　 C 性格很着急   D 跟男的关系不好

❷ A 被骗了   B 买了一双假鞋
　 C 在专卖店买了鞋   D 买了一双便宜鞋

❸ A 女的生病了   B 女的没空运动
　 C 男的是心理医生   D 男的让女的好好儿休息

❹ A 三月四号   B 三月十号
　 C 女的的生日   D 他们的结婚纪念日

3 단문을 듣고 질문에 알맞은 답을 고르세요. 🎧

① A 导游　　　　B 学生　　　　C 校长　　　　D 老板

② A 不懂事　　　　　　　B 是老脑筋
　 C 关心说话人　　　　　D 没原谅说话人

③ A 爱吃甜的　　　　　　B 不懂礼貌
　 C 性格更活泼　　　　　D 说话声音很小

④ A 文化差异　　　　　　B 北方的文化
　 C 南方人的问题　　　　D 南方和北方的天气

4 병음을 보고 빈칸에 들어갈 알맞은 양사를 쓰세요.

① 一(　fēng　)信　　　　　② 贵一(　bèi　)

③ 一(　pén　)花　　　　　④ 一(　dào　)菜

5 다음 상황을 표현할 수 있는 알맞은 단어를 고르세요.

> **보기**
> A 炒鱿鱼　　B 拍马屁　　C 乱七八糟　　D 细嚼慢咽

① 他呀，总是讨好领导，不管领导说什么，他都说"对"。　□

② 吃饭要慢点儿、小口吃，大口吃饭对身体不好。　□

③ 最近因为经济不景气，很多人都丢了工作，我今天也是。　□

6 다음 밑줄 친 부분과 바꾸어 쓸 수 있는 것을 고르세요.

❶ 我刚才喝了他的咖啡，<u>难怪</u>他一直看着我呢！

    A 奇怪   B 难得   C 巴不得   D 怪不得

❷ 我说了他好几遍，他<u>还是</u>不改。

    A 仍然   B 不然   C 懒得   D 勉强

❸ 男 大家都到齐了吗？
   女 <u>差不多</u>都来了。

    A 彼此   B 几乎   C 惊喜   D 何必

❹ 男 小张说他一个月挣两万块。
   女 别听他的，他就能说<u>大话</u>。

    A 千万   B 吹牛   C 了不起   D 我的天

7 다음 중 틀린 문장을 고르세요.

❶ A 他瘦得皮包骨了。   B 你想去就去，反正我不去。
   C 还有时间，何必那么慢？   D 要么看电影，要么逛公园。

❷ A 我以你为傲。   B 这件事确实是我的错。
   C 从明天起，我要减肥。   D 比较经过，我决定在网上买。

❸ A 别把衣服弄脏了。   B 据调查，大熊猫最受欢迎。
   C 太感动了，忍得住哭了。   D 老师都不会，何况我呢？

8 빈칸에 들어갈 알맞은 답을 고르세요.

> 去年，我被公司＿＿＿❶＿＿＿到法国工作。有一次，同事给我介绍了一个法国朋友。第一次见那个朋友的时候，我本来想＿＿＿❷＿＿＿出手跟他握手，可是没想到他竟然吻了我，当时吓了我一＿＿＿❸＿＿＿。虽然我知道这是法国的文化，但是我还是不习惯。

❶ A 推　　　　B 管　　　　C 派　　　　D 藏

❷ A 伸　　　　B 捡　　　　C 摸　　　　D 搬

❸ A 跑　　　　B 跳　　　　C 趟　　　　D 顿

9 내용이 자연스럽게 연결되도록 문장을 배열하세요.

❶ A 除非下雨
　 B 否则他是不会休息的
　 C 爷爷每天早上去公园打太极拳　　□ ➡ □ ➡ □

❷ A 体验不同的文化
　 B 当我老的时候
　 C 我想周游世界，看看各地的风景　　□ ➡ □ ➡ □

❸ A 既然决定要买的话
　 B 贵一点儿也没关系
　 C 那么就买质量好的　　□ ➡ □ ➡ □

10 다음 단문을 읽고 질문에 중국어로 답하세요.

> 　　去电视台工作是我的梦想，所以我往好几家有名的电视台投了简历。上周，上海电视台给我发短信，让我参加面试，我高兴得一晚上没睡着。
>
> 　　今天我参加了上海电视台的面试。面试九点正式开始，不过我被安排到了十一点半的那个小组。参加面试的人很多，有的人看起来很优秀，有的人跟我一样看起来很紧张，因为竞争确实太激烈了。
>
> 　　面试的时候，我先自我介绍，然后回答他们问的问题。我因为太紧张了，本来准备得很好的问题却没回答好。唉，看来我这次实现不了自己的梦想了。

❶ 他的梦想是什么？

➡ _____

❷ 他为什么一晚上没睡着？

➡ _____

❸ 面试几点正式开始？

➡ _____

❹ 他为什么很紧张？

➡ _____

단어 回答 huídá 图 대답하다, 회답하다

11 제시된 단어를 배열하여 문장을 만드세요.

① 的时候 / 垃圾 / 你运动 / 扔了 / 顺便把

➡ _____

② 也不 / 你再 / 了呢 / 我以为 / 抽烟

➡ _____

12 제시된 단어를 이용하여 여행에 대해 작문하세요. (단어 순서와 상관없음)

商量	开心	玩儿得	目的地

▶ 정답 → 202쪽

부록

정답 및 해석

 과 代沟
세대 차이

맛있는 회화 ➜ 28~29쪽

세대 차이

엄마 샤오린, 샤오웨는 요즘 일이 너무 힘든가 보구나. 너 봐, 이 사진에 그녀는 피골이 상접할 만큼 말랐잖니.

샤오린 엄마, 그게 어디 샤오웨예요?
제가 아직 엄마에게 미처 알려 드리지 못했네요. 얘는 제 새 여자 친구 쯔이예요.

엄마 어머나, 너한테 뭐라고 하는 건 아니지만, 올해 너는 최소한 3명의 여자 친구를 바꿨지? 너 이래서야 되겠니?

샤오린 엄마, 지금은 다 이래요. 엄마는 정말 옛날 사고방식이시네요.
게다가 저는 다른 사람이 어떻게 보든 전혀 개의치 않아요.

엄마 그럼 이번에는 어쨌든 정해진 거지?

샤오린 나중에 다시 생각해 볼게요. 만약 잘 맞으면 계속 사귀는 거고, 좋지 않으면 다시 바꾸는 거죠.

엄마 보아하니 우리는 정말 세대 차이가 있구나! 됐다, 간섭할 수 없겠구나. 네가 하고 싶은 대로 해라.

확인 학습 ➜ 29쪽

❶ ○ ❷ ✕

맛있는 듣기 ➜ 30~31쪽

STEP1 ❶ C ❷ D ❸ A

STEP2

> ❶ 这个人可真够没劲的，开玩笑也不会。
>
> 질문 通过这句话，可以知道什么？

❷ 男 我们家有好几辆车，还有很大的花园。

女 你吹什么牛!

질문 关于男的说的话，女的是什么态度?

❸ 男 其他的什么都好说，只是钱不好商量。

女 看来我今天是白来了。

질문 通过对话，可以知道什么?

---

❶ 이 사람 정말 너무 재미없어. 농담도 할 줄 몰라.
질문 이 말을 통해 무엇을 알 수 있나요?

❷ 남 우리 집에는 차가 여러 대 있고, 그리고 아주 큰 화원이 있어.
여 너 무슨 허풍을 떠는 거야!
질문 남자가 한 말에 대해 여자는 어떤 태도인가요?

❸ 남 다른 건 뭐든 다 말하기 쉬운데, 단지 돈은 상의하기 어려워.
여 보아하니 나는 오늘 헛걸음한 것 같네.
질문 대화를 통해 무엇을 알 수 있나요?

맛있는 듣고 말하기 ➜ 32~33쪽

STEP1 ❶ ○ ❷ ○ ❸ ✕

STEP2

❶ 阿美的父母看不惯她喜欢赶时髦，流行什么就追求什么。

❷ 因为阿美烫了一个很流行的爆炸头。

❸ 为了不被父母赶出家门。

STEP3

爆炸头

阿美喜欢赶时髦，流行什么就追求什么。阿美的父母很看不惯她这一点，经常批评她。有一次，阿美烫了一个很流行的爆炸头，这下她家可真"爆炸"了。父母很生气地对阿美说："如果不把发型换回来，就别回家!"阿美想父母真是老土，跟不上时代了。可是没办法，为了不被父母赶出家门，阿美只好又去了理发店。

폭탄 머리

　아메이는 유행을 따르는 것을 좋아합니다. 뭐가 유행하면 바로 그것을 추구합니다. 아메이의 부모님은 그녀의 이러한 점을 마음에 안 들어 하시고, 늘 그녀를 나무라십니다. 한번은 아메이가 매우 유행하는 폭탄 머리 파마를 했는데, 이번에는 그녀의 집이 정말 '폭발'했습니다. 부모님은 매우 화내시며 아메이에게 "만약 헤어스타일을 원래대로 바꾸지 않으면 집에 돌아오지 마!"라고 말씀하셨습니다. 아메이는 부모님이 정말 촌스럽고, 시대를 따라가지 못한다고 생각하지만, 방법이 없었습니다. 집에서 쫓겨나지 않기 위해서 아메이는 할 수 없이 다시 미용실에 갔습니다.

맛있는 이야기 해석 ➜34쪽

엄마에게 드리는 편지

사랑하는 엄마:

　엄마! 오늘은 어머니날이라 제가 얼마나 엄마에게 감사한지 알려 드리고 싶어서 이 편지를 씁니다. 아빠가 돌아가신 후, 엄마는 저와 여동생을 양육하기 위해 시장에서 생선을 팔기 시작하셨지요. 반 아이들은 계속 저를 비웃고, 항상 "너 이런 냄새 나는 녀석, 네가 교실에 들어오면 구린내가 나"라고 말했어요. 그들이 정말 제 몸의 생선 비린내를 맡은 것인지, 아니면 시장에서 제가 엄마를 도와 자판을 거두는 것을 본 것인지 모르겠어요. 어쨌든 그때부터 저는 마음속으로 엄마를 원망하기 시작했고, 다시는 시장에 가지 않았죠. 게다가 일부러 엄마 말씀도 안 듣고, 엄마와 말도 안 했어요. 아! 그때 제가 정말 철이 없었어요. 그러나 엄마는 줄곧 저를 감싸 주셨지요. 마치 제가 왜 이러는지 이미 알고 계신 것처럼 말이죠. 어느 날 밤 엄마는 제가 잠든 줄 아시고 저의 얼굴을 쓰다듬으시며 "착한 아가, 엄마는 너를 사랑한단다"라고 말씀하셨어요. 이 말을 듣고, 저는 참지 못하고 울었어요. 엄마, 부디 철없는 저를 용서해 주세요.

엄마의 아들 샤오린

맛있는 이야기 정답 ➜35쪽

1 ❶ 因为他想告诉妈妈他多么感谢妈妈。
  ❷ 她是靠在市场里卖鱼养活小林和妹妹的。
  ❸ 因为妈妈对他说很爱他。

2 ❶ ○ 爸爸去世后，妈妈靠卖鱼养活我和妹妹。
  ❷ × 因为妈妈常常很晚回家，所以我开始埋怨妈妈了。
  ❸ ○ 当时我很不懂事，可是妈妈一直包容我。

맛있는 어법 ➜36~37쪽

1 **해석** 결과가 어떻든, 어쨌든 당신은 반드시 이번 경기에 참가해야 됩니다.

　중작 慢慢儿复习也行，反正离考试还有一个月呢。

2 **해석** 나는 내가 그로 하여금 생각을 바꾸게 할 수 있을 거라고 생각했습니다.

　중작 我一直以为他说的话都是对的。

3 **해석** 그는 그 영화를 다 본 후에 참지 못하고 울었습니다.

　중작 妈妈生气的时候，总是忍不住大声说话。

맛있는 쓰기 ➜38~39쪽

2 ❶ 我每隔两天给女朋友打一个电话。
  ❷ 刚好再过一个星期就是情人节。
  ❸ 我想买一束花，给女朋友一个惊喜。
  ❹ 除了一束花以外，还准备了特别的礼物。
  ❺ 我买了巧克力作为情人节的礼物。

3 참고 답안

```
              想 念 的 父 母
    我 来 中 国 已 经 两 个 月 了 ， 每 隔 两 天 就 给 家
里 打 一 个 电 话 ， 问 问 父 母 过 得 怎 么 样 。 刚 好 再
过 两 个 星 期 就 是 父 母 节 ， 所 以 我 想 写 封 信 ， 给
他 们 一 个 惊 喜 。 除 了 写 信 以 外 ， 我 还 打 算 买 两
桶 茶 叶 作 为 父 母 节 的 礼 物 。 希 望 他 们 收 到 以 后
会 喜 欢 。
```

연습 문제 ➜ 40~41쪽

1 ❶ C   ❷ D

┌ 녹음 원문 🎧 ──────────────────

❶ 现在的很多孩子都是独生子女，吃不了苦。

[질문] 现在的很多孩子怎么样?

❶ 요즘 많은 아이들이 다 외동자녀라서 고생을 견디지 못해요.

[질문] 요즘 많은 아이들이 어떠한가요?

❷ 我真是个马大哈，今天又把钱包忘在家里了。

[질문] 说话人是个什么样的人?

❷ 나는 정말 덜렁이네요. 오늘 또 지갑을 집에 두고 왔어요.

[질문] 말하는 사람은 어떤 사람인가요?

2 참고 답안

A ❶ 他们家有三代人。

  ❷ 我家有奶奶、爸爸、妈妈和我，也是三代人。

B ❶ 父母在吵架，孩子受不了父母吵架。

  ❷ 我的父母对我很严格，总是管我。

3 ❶ B   ❷ C   ❸ A

4 ❶ 这部电影我起码看了十遍。

  ❷ 明天考试，现在复习来得及吗?

  ❸ 你年纪这么大了，怎么还这么不懂事?

  ❹ 他不道歉的话，我就不能原谅他。

中国人的文化习惯
중국인의 문화 습관

맛있는 회화 ➔ 46~47쪽

간단한 식사를 하다

아메이 너 안색이 왜 이렇게 안 좋니?

동민 어제저녁에 술에 취해서 겨우 깨어났는데, 지금 머리가 굉장히 아파.

아메이 너 어제저녁에 중국 거래처랑 회의한 거 아니었어?

동민 그래, 회의가 끝나고, 그들이 나에게 간단한 식사를 대접하겠다고 하더라고.
결국 우리 여섯 명이 요리 10여 개를 시켰더니, 한 상 가득하더라.

아메이 중국인은 꼭 그래. "간단한 식사를 하자"라고 말하지만, 많은 음식을 시켜. 이번에 너는 맛있는 음식을 배불리 먹었겠네?

동민 나는 아예 몇 입 못 먹었어. 그들이 쉬지 않고 술을 권했거든.
내가 안 마시면 그들 기분이 안 좋을까 봐, 나는 어쩔 수 없이 억지로 마셨어.

아메이 하하, 중국인의 술상에서는 마실 줄 알아도 마셔야 하고, 마실 줄 몰라도 마셔야 해.

동민 그래, 다음 번엔 다시는 감히 중국인과 술을 못 마시겠어.

확인 학습 ➔ 47쪽

❶ ○ ❷ ×

맛있는 듣기 ➔ 48~49쪽

STEP1 ❶ A ❷ B ❸ A

STEP2

> ❶ 你看这鬼天气，爬山的事又泡汤了。
> 질문 通过这句话，可以知道什么？
> ❷ 女 小王一逛就是六七个小时，恨不得把整个商场都买下来。
> 男 所以我每次都不陪她逛街。

> 질문 通过对话，可以知道什么？
> ❸ 女 真不好意思，我又给你添麻烦了！
> 男 咱俩谁跟谁呀。
> 질문 通过对话，可以知道他们关系怎么样？

❶ 너 이 변덕스런 날씨 좀 봐, 등산하는 일이 또 물거품이 됐어.
질문 이 말을 통해 무엇을 알 수 있나요?
❷ 여 샤오왕은 쇼핑만 하면 6, 7시간이니, 모든 상점을 다 사고 싶을 거야.
남 그래서 나는 매번 그녀와 함께 쇼핑을 다니지 않아.
질문 대화를 통해 무엇을 알 수 있나요?
❸ 여 정말 미안해, 내가 또 너한테 폐를 끼쳤네!
남 우리가 누구랑 누군데.
질문 대화를 통해 두 사람의 관계가 어떻다는 것을 알 수 있나요?

맛있는 듣고 말하기 ➔ 50~51쪽

STEP1 ❶ ○ ❷ × ❸ ×

STEP2

❶ 搬家时中国人一般送各种炊具，比如锅、碗、勺子等等。
❷ 因为这是祝福主人以后的生活像火一样红火。
❸ 他决定送阿美一盆花。

STEP3

> ### 搬新家
> 　东民的中国朋友阿美刚搬了新家，所以请东民到新家做客，可是东民不知道该送什么礼物好。别的中国朋友告诉他，中国人一般送各种炊具，比如锅、碗、勺子等等；还可以送火柴，这是祝福主人以后的生活像火一样红火；而且现在的礼物越来越多样化了。东民想，阿美最喜欢花，送她一盆花再好不过了。

정답 및 해석

새집으로 이사하다

동민이의 중국 친구 아메이가 새집으로 막 이사해서, 동민이를 새집에 손님으로 초대했습니다. 하지만 동민이는 어떤 선물을 해야 좋을지 모릅니다. 다른 중국 친구들이 그에게 알려 주길, 중국 사람들은 보통 각종 취사도구, 예를 들어 솥, 그릇, 국자 등을 선물한다고 합니다. 또 성냥을 선물하기도 하는데, 이것은 집주인의 앞으로의 살림이 불처럼 번창하기를 축복하는 것이라고 합니다. 게다가 요즘 선물은 점점 다양화되고 있다고 합니다. 동민이는 아메이가 꽃을 가장 좋아하니까, 그녀에게 화분을 선물하면 더할 나위 없이 좋겠다고 생각합니다.

맛있는 이야기 해석 ➡52쪽

천천히

중국에서 당신은 종종 '천천히'라는 이 단어를 들을 수 있습니다. 밥을 먹을 때는 주인이 계속 "천천히 드세요, 천천히 드세요"라고 말할 것입니다. 손님을 배웅할 때는 주인이 절대 "빨리 가세요"라고 말하지 않고, 반드시 당신에게 "천천히 가세요"라고 말할 것입니다. 왜냐하면 손님에게 "빨리 빨리"라고 말하는 것은 예의가 없는 것이며, 손님은 주인이 자신을 내쫓는다고 생각할 수 있기 때문입니다.

일상생활 중에도 중국인은 항상 '천천히'입니다. 밥 먹을 때, 중국인은 특히 '음식을 잘 씹어 천천히 삼키는 것'을 중요시합니다. 상황이 좋지 않을 때, 중국인은 "차차 좋아질 거야"라고 말할 것입니다. 해야 할 일이 특히 많을 때, 중국인은 여전히 조급해하지 않고, "천천히 해", "천천히 해"라고 말할 것입니다. 그들은 이렇게 해야 더욱 꼼꼼하게 더 잘할 수 있다고 여깁니다.

구태여 그렇게 서두를 필요가 있습니까? 오직 아주 급박한 일이 아니고서야 중국인은 조급해하지 않을 것입니다. 그러나 효율을 중요시하는 현대 사회에서 중국인도 사실 점점 빨라지고 있습니다.

맛있는 이야기 정답 ➡53쪽

1 ❶ 在中国常常会听见 "慢慢儿地" 这个词。

❷ 送客的时候，主人会说 "请慢走"。

❸ 情况糟糕的时候，中国人会说 "慢慢儿会好的"。

2 ❶ ○ 送客时，主人跟客人说 "快点儿" 是没有礼貌的。

❷ ○ 吃饭的时候，中国人格外讲究细嚼慢咽。

❸ ✕ 事情多的时候，中国人很着急，会说 "快点儿做"。

맛있는 어법 ➡54~55쪽

1 해석 그녀의 목소리는 너무 작은데, 통화할 때는 특히 뚜렷하지 않습니다.

중작 下雨天开车，要格外小心。

2 해석 30년이 지났지만, 그는 여전히 그 작은 마을에 살고 있습니다.

중작 奶奶虽然已经七十多岁了，但是仍然喜欢爬山。

3 해석 우리는 모두 한 식구인데, 구태여 그렇게 예의를 차릴 필요가 있습니까?

중작 他知道错了，何必再生气呢？

맛있는 쓰기 ➡56~57쪽

2 ❶ 手机响了，朋友给我发了一张照片。

❷ 我想请你吃晚饭。

❸ 他酷爱爬山。

❹ 她喜欢音乐，尤其是钢琴弹得很好。

❺ 弟弟很受女孩儿欢迎。

3 참고 답안

					我	的	朋	友	小	雨							
	手	机	响	了	，	我	的	中	国	朋	友	小	雨	给	我	发	了	个
短	信	，	问	我	：	"	明	天	晚	上	有	空	儿	吗	？	我	想	请	你	吃
火	锅	。	"	我	最	喜	欢	吃	火	锅	了	，	所	以	马	上	就	答	应	了	。
	小	雨	是	北	方	男	孩	儿	，	个	子	很	高	，	性	格	很	外
向	，	酷	爱	运	动	，	尤	其	是	篮	球	打	得	特	别	好	，	很	多
女	孩	儿	都	追	他	。	明	天	见	了	面	，	我	得	问	问	他	，	这
么	受	女	孩	儿	欢	迎	的	秘	诀	是	什	么	。							

연습 문제 ➜ 58~59쪽

1 ❶ C   ❷ D

┌─ 녹음 원문 🎧 ─────────────────────

❶ 这次车祸，他差点儿没死。
   질문 这次车祸，他怎么了？

❷ 快点儿去吧，再晚一会儿，说不定商店就关门了。
   질문 通过这句话，可以知道什么？

❶ 이번 교통사고로 그는 하마터면 죽을 뻔했어요.
   질문 이번 교통사고로 그는 어떻게 되었나요?

❷ 빨리 좀 가요. 좀 더 늦어지면, 상점이 문을 닫을지도 몰라요.
   질문 이 말을 통해 무엇을 알 수 있나요?

2 참고 답안

A ❶ 他们正在喝啤酒。我也很喜欢喝啤酒。
   ❷ 韩国人在长辈面前喝酒的时候，要转身。很多人一起喝酒时，一般自己不给自己倒酒。
B ❶ 这是火锅，我很喜欢吃。
   ❷ 我喜欢冷面，尤其是夏天天气热，吃一碗冷面非常凉快。

단어 长辈 zhǎngbèi 명 손윗사람, 연장자 | 面前 miànqián 명 면전 | 转身 zhuǎn shēn 통 몸을 돌리다 | 冷面 lěngmiàn 명 냉면 | 凉快 liángkuai 형 시원하다, 서늘하다

3 ❶ B   ❷ D   ❸ C

4 ❶ 他醒过来，人们才放心。
   ❷ 肚子疼得不得了，一直睡不着。
   ❸ 车上装满了东西，没有我们坐的地方。
   ❹ 除非下大雨，否则气温很难下降。

정답 및 해석

3과 健康生活
건강한 생활

맛있는 회화 ➜ 64~65쪽

곳곳이 모두 스트레스예요

샤오린 오늘 이 주임님은 왜 출근하지 않으셨니?

빙빙 오, 이 주임님은 또 아이를 데리고 정신과 의사한테 진찰 받으러 가셨어.

샤오린 이 주임님 아들이 겨우 몇 살이라고 벌써 정신과 의사한테 진찰을 받아?

빙빙 고등학교에 막 들어갔는데, 듣자 하니 그 아이가 요즘 계속 불면증에, 잘 먹지도 못 하고, 잠도 잘 못 자고, 게다가 공부하기도 싫어한대.

샤오린 상황이 이렇게 심각하구나! 그럼 의사는 뭐래?

빙빙 의사가 말하길, 만약 치료를 진행하지 않으면 점점 더 심각해질 수 있대.

샤오린 나는 단지 우리 어른만 스트레스가 있을 거라 생각했는데, 뜻밖에 아이들의 공부 스트레스도 작지 않네.

빙빙 그래. 요즘 아이들은 우리 어렸을 때와는 매우 달라. 매일 아침 일찍 나가서 밤늦게 돌아오는데, 출근하는 우리들보다 더 바빠.

확인 학습 ➜ 65쪽

❶ ○ ❷ ○

맛있는 듣기 ➜ 66~67쪽

STEP1 ❶ A ❷ D ❸ B

STEP2

❶ 我只是和小王开玩笑，他倒生气了。
질문 通过这句话，可以知道什么？

❷ 男 听说小王晋升为经理了。
　 女 会拍马屁，领导当然喜欢了。
질문 通过对话，可以知道小王什么？

❸ 男 昨天小王请朋友们吃饭花了八百多块呢。
　 女 这都是为了面子啊，看来下半个月他又要天天吃方便面了。
질문 通过对话，可以知道小王什么？

❶ 나는 단지 샤오왕과 농담한 것뿐인데, 그는 오히려 화를 냈어.
질문 이 말을 통해 무엇을 알 수 있나요?

❷ 남 듣자 하니 샤오왕이 사장으로 승진했대.
여 아부할 줄 아는데, 위에서 당연히 좋아하지.
질문 대화를 통해 샤오왕의 무엇을 알 수 있나요?

❸ 남 어제 샤오왕은 친구들에게 밥을 사느라 800위안 넘게 썼어.
여 이게 다 체면을 위해서겠지. 보아하니 보름 동안 개는 또 날마다 라면을 먹어야겠네.
질문 대화를 통해 샤오왕의 무엇을 알 수 있나요?

맛있는 듣고 말하기 ➜ 68~69쪽

STEP1 ❶ ✕ ❷ ○ ❸ ✕

STEP2

❶ 他们公司规定不可以在办公室吃早餐。
❷ 既可以节省时间，又能补充营养。
❸ 因为只有吃好早餐，才会有一个健康的身体。

STEP3

一日三餐
　　小林的公司规定不可以在办公室吃早餐，可他又懒得每天早起二十分钟吃早餐。于是各种保健品、维生素成了他的早餐。这些要比一般的早餐贵十倍左右，但小林认为，这样既可以节省时间，又能补充营养。俗话说："早吃好，午吃饱，晚吃少。"我们一定要重视早餐，只有吃好早餐，才会有一个健康的身体。

하루 세 끼

　샤오린의 회사는 규정상 사무실에서 아침 식사를 할 수 없습니다. 그러나 샤오린은 또 매일 아침 20분 일찍 일어나 아침 식사하기 귀찮지만. 그래서 각종 건강식품, 비타민제가 그의 아침 식사가 되었습니다. 이것들은 일반적인 아침 식사보다 10배 정도 비싸지만, 샤오린은 이렇게 하면 시간도 절약할 수 있고, 영양 보충도 할 수 있다고 생각합니다. 속담에 '아침은 잘 먹고, 점심은 배불리 먹고, 저녁은 적게 먹으라'라고 했습니다. 우리는 반드시 아침 식사를 중시해야 합니다. 아침을 잘 먹어야만 건강한 몸을 가질 수 있습니다.

맛있는 이야기 해석 ➜70쪽

다이어트를 하다

　나는 올해 22살인데, 모델 같은 몸매를 가질 수 있기를 간절히 바라고 있습니다. 그래서 잡지나 인터넷에서의 다이어트 방법은 다 관계없이 나는 모두 시도해 봤습니다.

　먼저 과일식인데, 바로 하루에 밥은 먹지 않고 과일만 먹는 방법입니다. 며칠 먹어 보니 정말 견딜 수 없었습니다. 나중에 나는 또 달리기와 같은 운동 다이어트 방법을 시도해 봤는데, 매일 운동하는 것은 너무 힘들어서 얼마 버티지 못했습니다. 친구에게 듣자 하니 다이어트 약을 먹으면 비교적 편하다고 해서, 한약과 양약도 모두 먹어 봤습니다. 결과는 모두 며칠 동안 설사한 후, 사람 같지도 않고, 귀신 같지도 않은 몰골이 되어 또 다른 방법을 쓸 수밖에 없었습니다.

　이렇게 계속 살을 빼다 보니, 살은 별로 빠지지 않았을 뿐만 아니라, 위장병을 얻었습니다. 다이어트를 위해 나는 지금 지방 흡입 수술만 안 해 봤습니다. 풍풍함을 아름다움으로 여기는 시대가 빨리 올 수 있기를 정말 바랍니다.

맛있는 이야기 정답 ➜71쪽

1 ❶ 她梦想着能拥有模特儿那样的身材。
　❷ 吃了几天，她实在是受不了。
　❸ 她试过吃水果餐、运动、吃减肥药等方法。

2 ❶ ✕ 水果餐减肥的结果是弄得人不像人，鬼不像鬼。
　❷ ✕ 我还试过跑步减肥，坚持了很长时间。
　❸ ○ 我试了各种减肥方法，不但没怎么瘦，还得了胃病。

맛있는 어법 ➜72~73쪽

1 해석 몸이 좋든 나쁘든 관계없이 그는 한밤중까지 일합니다.
　중작 无论你爱不爱我，我都爱你。
2 해석 그가 나의 핸드폰을 망가뜨려서 화나 죽겠어요.
　중작 那件事弄得大家都很不高兴。
3 해석 많은 가정이 아이를 중심으로 생활을 안배합니다.
　중작 学生要以学习为主。

맛있는 쓰기 ➜74~75쪽

2 ❶ 照镜子的时候，我无意中发现白头发了。
　❷ 别鼓动我去运动。
　❸ 我想起了他帮助过我的事。
　❹ 我是个懒得学习的人。
　❺ 跑步既能锻炼身体又能减肥。

정답 및 해석

3 참고 답안

							减	肥	大	计									
		早	上	照	镜	子	的	时	候	,	我	无	意	中	发	现	肚	子	上
的	肉	越	来	越	多	了	,	吓	了	一	跳	。	于	是	想	起	了	最	近
朋	友	们	鼓	动	我	一	起	去	健	身	房	的	事	。	虽	然	我	是	个
懒	得	动	的	人	,	我	最	喜	欢	在	家	里	看	电	视	、	睡	觉	,
不	过	现	在	我	有	点	儿	动	心	了	。	听	说	练	瑜	伽	既	能	锻
炼	身	体	又	能	减	肥	,	我	也	想	试	试	。						

연습 문제 ➜ 76~77쪽

1 ❶ C   ❷ A

녹음 원문 🎧

❶ 天天吃家常菜，都吃腻了，我们今天
   下馆子换换口味儿吧。
   질문 通过这句话，可以知道说话人什
   么？

❷ 她特别有眼光，买的衣服总是又便宜
   又好看。
   질문 通过这句话，可以知道她什么？

❶ 날마다 집밥만 먹어서 질렸어요. 우리 오늘 외식해
   서 입맛 좀 바꿔요.
   질문 이 말을 통해 말하는 사람의 무엇을 알 수 있
   나요?

❷ 그녀는 굉장히 안목이 있어서 사는 옷이 항상 싸면
   서도 예뻐요.
   질문 이 말을 통해 그녀의 무엇을 알 수 있나요?

2 참고 답안

A ❶ 练瑜伽可以缓解压力、保持身材。
  ❷ 我觉得吃好、睡好、多运动是健康的生活。
B ❶ 他可能有很大的工作压力，很头疼。
  ❷ 最近我在写论文，改了很多次，但是教授还是觉得不行，我压力很大。

단어 缓解 huǎnjiě 통 완화시키다 | 保持 bǎochí 통 유지하다

3 ❶ B   ❷ D   ❸ B

4 ❶ 他今年才二十岁，就在大学教汉语。
   ❷ 无论是蔬菜还是水果，你都要多吃。
   ❸ 最近气温一直三十度左右，热得受不了。
   ❹ 每天坚持运动三十分钟，对身体好。

海外生活
해외 생활

맛있는 회화 ➜82~83쪽

명절 때만 되면 가족이 더 그리워요

아메이 　오늘은 중추절인데, 너는 왜 혼자 술을 마시니?

동민 　마음이 답답해서 술 마시며 기분 전환을 하려고.

아메이 　왜 그래? 집 생각나니?

동민 　그래. 예전에는 중추절에 가족과 함께 보내든지, 친구와 함께 보내든지 했는데. 올해는 오로지 나 혼자야.

아메이 　"명절 때만 되면 가족이 더 그립다"라고 하잖아. 나는 네 심정이 이해돼.

　　　너 집에는 전화했니?

동민 　했어. 엄마가 가족들 모두 함께 모여 있는데 나 혼자만 빠졌다고 말씀하시는 것을 들으니 마음이 더 괴로워.

아메이 　너무 괴로워하지 마.

　　　너는 중국에도 많은 친구가 있잖아. 다들 너에게 관심을 가지고 있어. 너 혼자 있지 말고, 내가 친구 몇 명을 부를 테니까 다 같이 모이자.

확인 학습 ➜83쪽

❶ ✕　　　❷ ○

맛있는 듣기 ➜84~85쪽

STEP1 　❶ C　❷ B　❸ D

STEP2

> ❶ 我都说了八百遍了, 你还记不住!
> 你什么脑子!
> 질문 说话人是什么语气?
>
> ❷ 男　我是来帮你的。
> 女　算了吧, 你总是帮倒忙。
> 질문 通过对话, 可以知道什么?

❸ 女　你年纪也不小了, 怎么还不谈恋爱? 个人问题也该考虑考虑了!

　　男　妈, 您又来了!

　　질문 妈妈可能是什么意思?

> ❶ 내가 이미 여러 번 말했는데, 너는 아직도 기억을 못하다니! 무슨 머리가 그래!
> 질문 말하는 사람은 어떤 어투인가요?
>
> ❷ 남　내가 도와주러 왔어!
> 여　됐어! 너는 항상 방해만 돼.
> 질문 대화를 통해 무엇을 알 수 있나요?
>
> ❸ 여　너는 나이도 적지 않은데, 왜 아직도 연애하지 않니? 개인 문제도 좀 고려해 봐야지!
> 남　엄마, 또 시작이에요!
> 질문 엄마는 아마도 무슨 의미일까요?

맛있는 듣고 말하기 ➜86~87쪽

STEP1 　❶ ✕　❷ ✕　❸ ○

STEP2

❶ 因为他汉语说得不标准。

❷ 他想问司机去超市在哪儿下车。

❸ 开始司机吓了一跳, 吃惊地看着东民。

STEP3

> "吻" 和 "问"
> 　东民刚到中国的时候, 连 "你好" 这样简单的话也说不标准, 因此闹了很多笑话。有一天, 东民坐公共汽车去超市, 可是他不知道在哪儿下车。他就向司机打听: "我想吻你……" 听到这几个字, 司机吓了一跳, 吃惊地看着东民。东民很着急, 又说了一遍 "我想吻你"。这时, 司机好像明白了什么, 笑着说: "吻不可以, 问可以。"

'키스하다'와 '질문하다'

동민이는 중국에 막 왔을 때, "안녕하세요" 같이 이런 간단한 말조차 정확하게 말하지 못했습니다. 그래서 많은 웃음거리가 되었습니다. 어느 날, 동민이가 버스를 타고 마트에 가는데, 그는 어디에서 내려야 하는지 몰랐습니다. 그는 바로 기사에게 물어보았습니다. "제가 당신에게 키스하고 싶은데요…" 이 몇 글자를 듣고 기사는 깜짝 놀라서 동민이를 쳐다보았습니다. 동민이는 초조해하며 다시 한 번 말했습니다. "저는 당신에게 키스하고 싶어요." 이때, 기사는 마치 무언가를 이해한 듯 웃으며 말했습니다. "키스는 안 되고, 질문은 괜찮아요."

맛있는 이야기 해석 →88쪽

문화 차이

나는 다국적 기업의 직원입니다. 우리 회사는 전 세계 50여 개국에 지사를 설립했습니다. 매년 10월 우리 회사에는 인사 이동이 있습니다. 거의 천 명의 직원이 다른 나라로 파견되어, 그곳에서 다른 문화를 체험합니다.

나로 말하자면, 몇 년 전 내가 막 입사했을 때, 우리 회사는 나를 인도 뉴델리로 파견을 보냈습니다. 뉴델리 공항에 도착하자 현지 직원 한 명이 나를 마중 나왔습니다. 나는 왼손잡이이기 때문에 바로 내 왼손을 내밀어 그와 악수하려고 했습니다. 그런데 그의 얼굴색이 갑자기 변하면서 매우 마지못해 나와 악수를 할 줄 누가 알았겠어요.

며칠 지나고, 그가 나를 그의 집으로 식사 초대를 했을 때, 내가 왼손으로 밥을 먹는 것을 보고 그의 온 가족들 모두 마치 외계인을 보는 듯했습니다. 훗날 나는 비로소 인도 사람들은 화장실에 가는 것을 제외하고는 절대 왼손을 사용하지 않는다는 것을 알았습니다. 어쩐지 그들 표정이 그렇게 이상하더라고요!

맛있는 이야기 정답 →89쪽

1 ❶ 因为公司派他去印度分公司工作。
　❷ 因为他是个左撇子。
　❸ 当地职员脸色突然变了，很勉强地跟他握了手。

2 ❶ ○ 我们公司每年有很多职员被派到别的国家工作。
　❷ × 我伸出左手后，当地职员高兴地跟我握了手。
　❸ ○ 在印度除了上洗手间以外，是绝对不用左手的。

맛있는 어법 →90~91쪽

1 해석 그 영화를 나는 거의 서른 번을 봤습니다.
　중작 他几乎每天都在图书馆熬夜学习。
2 해석 만약 흥미가 없으면 억지로 하지는 마세요.
　중작 你不想学英语，我们也不勉强你学。
3 해석 당신이 에어컨을 켰어요? 어쩐지 이렇게 시원하더라니!
　중작 他在中国呆了三年，怪不得汉语说得那么好。

맛있는 쓰기 →92~93쪽

2 ❶ 为了给爷爷过生日，我准备了一个大礼物。
　❷ 朋友总是拉着我去逛街。
　❸ 今天不知怎么搞的，我一直掉眼泪。
　❹ 他话真多，整天说个没完没了。
　❺ 你有什么好事吗？今天怎么笑个不停呢？

3 참고 답안

					寂	寞	的	生	日									
	今	天	是	我	的	生	日	。	以	前	在	韩	国	过	生	日	,	妈
妈	每	次	都	给	我	做	好	喝	的	海	带	汤	。	不	过	,	这	次	生
日	我	一	个	人	在	异	国	他	乡	。	虽	然	朋	友	们	为	了	给	我
过	生	日	,	准	备	了	各	种	各	样	的	礼	物	,	还	拉	着	我	去
吃	饭	,	可	我	还	是	有	些	难	过	。	原	来	我	是	个	开	朗	活
泼	的	人	,	可	是	今	天	不	知	怎	么	搞	的	,	眼	泪	掉	个	没
完	没	了	。															

연습 문제 ➜94~95쪽

1 ❶ C ❷ C

┌─ 녹음 원문 🎧 ─────────────

❶ 着什么急！现在才一点一刻，离上课
还有十五分钟呢。
질문 通过这句话，可以知道什么?

❶ 뭘 그렇게 초조해하니! 지금 겨우 1시 15분인데, 수
업 시간까지 아직 15분 남았잖아.
질문 이 말을 통해 무엇을 알 수 있나요?

❷ 修理冰箱我可是外行，你去找小林这
个行家帮忙吧。
질문 通过这句话，可以知道什么?

❷ 냉장고 수리에 나는 문외한이에요. 당신은 전문가
샤오린을 찾아가서 도움을 구해 봐요.
질문 이 말을 통해 무엇을 알 수 있나요?

2 참고 답안

A ❶ 在中国北方，过年一般跟家人聚在一起包饺子吃，有的地方还放鞭炮。
❷ 韩国人春节回故乡，吃年糕汤。
B ❶ 他们来韩国旅游，一边看地图一边找路呢。
❷ 我不想去，因为我觉得语言、生活环境都不习惯，而且没有朋友很寂寞。

단어 包 bāo 통 싸다, 싸매다, 포장하다 | 年糕汤 niángāotāng 명 떡국 | 地图 dìtú 명 지도 |
语言 yǔyán 명 언어 | 环境 huánjìng 명 환경

3 ❶ B ❷ C ❸ D

4 ❶ 要么学英语，要么学汉语，你选吧。
❷ 拿吃的来说(吧)，上海人更喜欢吃甜的。
❸ 他为了体验不同的文化，出国留学了。
❹ 他的脸红得像苹果似的。

정답 및 해석

 中国的节日
중국의 명절

맛있는 회화 ➡ 100~101쪽

10월 1일 황금연휴

빙빙 너 얼굴이 이렇게 까맣게 타다니, 국경절에 어디로 놀러 갔었구나?

샤오린 우리 온 가족이 함께 하이난도에 갔었어.

빙빙 국경절은 여행 성수기이니까 가격이 분명 비쌌겠네?

샤오린 평소보다 배나 비쌌어. 게다가 또 한 달 전에 예약해야 해.
하지만 모처럼 가족과 함께 나가는 거라, 나는 그럴 만한 가치가 있다고 생각해.

빙빙 하이난도의 경치는 아름답니, 안 아름답니?

샤오린 정말 아름다워. 푸른 바다와 쪽빛 하늘, 그야말로 "세상 밖의 무릉도원" 같아.
너는? 국경절에 어떻게 보냈니?

빙빙 내 생각에는, 어쨌든 어딜 가도 인산인해일 것 같아서, 그냥 집에서 쉬었어.

확인 학습 ➡ 101쪽

❶ ✕   ❷ ○

맛있는 듣기 ➡ 102~103쪽

STEP1   ❶ C   ❷ D   ❸ C

STEP2

❶ 张老师，这是我上周让小李给弟弟买的复习资料，您看看怎么样？
질문 复习资料是买给谁的？

❷ 男 这是新出的电脑，等你过生日时我送给你。
女 真希望今天就是我的生日。
질문 通过对话，可以知道什么？

❸ 男 这首歌是最近最红的，怎么样？
女 吵得要命，真不知道现在的音乐怎么了。
질문 通过对话，可以知道什么？

❶ 장 선생님, 이것은 제가 지난주에 샤오리를 시켜 남동생에게 사 주도록 한 복습 자료인데요, 보시기에 어떠세요?
질문 복습 자료는 누구에게 사 준 것인가요?

❷ 남 이것은 새로 나온 컴퓨터야. 너 생일 때 내가 너한테 선물할게.
여 오늘이 바로 내 생일이면 정말 좋겠다.
질문 대화를 통해 무엇을 알 수 있나요?

❸ 남 이 노래는 요즘 가장 인기 있는 것이야. 어때?
여 너무 시끄러워. 요즘 음악은 왜 이러는지 정말 모르겠어.
질문 대화를 통해 무엇을 알 수 있나요?

맛있는 듣고 말하기 ➡ 104~105쪽

STEP1   ❶ ✕   ❷ ○   ❸ ○

STEP2

❶ 吃饭的时候，他突然感到肚子不舒服。
❷ 因为那天是愚人节，朋友们以为他开玩笑。
❸ 最后打扫洗手间的清洁工帮助了他。

STEP3

愚人节
年轻人很喜欢在愚人节这一天开玩笑。这天中午，东民和朋友们在吃饭，他突然感到肚子不舒服，急忙跑进了洗手间。过了一会儿才发现没有手纸。东民想："糟糕，今天是4月1号，肯定没人相信我的话。"果然，东民打了好几个电话，朋友们都说："算了吧，我知道今天是什么日子。"东民只好在洗手间里等着，最后是打扫洗手间的清洁工帮了东民的忙。

만우절

　젊은 사람은 만우절 날 농담하는 것을 매우 좋아합니다. 이날 점심, 동민이는 친구와 밥을 먹고 있는데, 그는 갑자기 뱃속이 안 좋은 느낌이 들어서 급히 화장실로 달려 들어갔습니다. 잠시 후에야 비로소 휴지가 없다는 것을 발견했습니다. 동민이는 생각했습니다. '야단났네, 오늘은 4월 1일이라, 틀림없이 내 말을 믿어 줄 사람은 없을 거야.' 생각한 대로 동민이가 몇 번이나 전화를 걸었지만, 친구들은 모두 말했습니다. "됐거든, 나는 오늘이 무슨 날인지 알아." 동민이는 하는 수 없이 화장실에서 기다리고 있는데 결국 화장실을 청소하는 청소부가 동민이를 도와주었습니다.

맛있는 이야기 해석 ➡106쪽

5월 1일 짧은 연휴

　올해 5월 1일 짧은 연휴에 나는 가족과 상의해서 집에 있느니 차라리 여행하러 나가기로 했습니다. 그래서 우리는 평소보다 배나 비싼 여행단에 신청해서 아주 즐겁게 우리의 연휴 여행을 시작했습니다.

　목적지에 도착하자, 맙소사! 중국인이 많다는 것은 알았지만, 이렇게 많은 줄은 생각지도 못했습니다. 모두가 각 지방의 방언으로 말했습니다. 아! 정말 풍경을 보러 온 건지, 아니면 사람을 보러 온 건지 모를 정도였습니다. 하는 수 없이, 이왕 이미 왔으니 당연히 여기저기 구경 좀 해야 했습니다. 그렇지 않으면 비행기표를 낭비하게 되니까요. 그런데 밀치락달치락해서 우리는 힘들어 죽을 지경이었습니다.

　점심 시간이 되어, 우리는 마침내 좀 쉴 수 있었습니다. 그러나 우리가 식사할 때, 옆에서 계속 어떤 사람이 우리 자리를 기다리고 있었고, 또 계속 우리가 먹는 것을 보고 있었습니다. 하는 수 없이, 우리는 빨리 먹고 떠날 수밖에 없었습니다. 아이고! 앞으로 연휴라면 나는 다시는 함께 모여 떠들썩하게 놀지 않고, 집에 있는 게 낫겠다고 생각했습니다.

맛있는 이야기 정답 ➡107쪽

1 ❶ 因为是五一小长假，他们觉得与其在家里呆着，不如出去旅游。

　❷ 她发现人太多了。

　❸ 因为旁边一直有人等着他们的位子，还一直看着他们吃。

2 ❶ ☒ 我和家人认为与其出去旅游，不如在家里呆着。

　❷ ☒ 到了目的地，我们发现人太多，所以很快就离开了。

　❸ ○ 在那里，挤来挤去把我们累得要死。

맛있는 어법 ➡108~109쪽

1 ^{해석} 말을 명확하게 못하느니 차라리 말을 안 하는 것이 낫습니다.

　^{중작} 与其整天在家看电视，(还)不如出去玩儿。

2 ^{해석} 오늘 저녁에 당신은 반드시 와야 해요. 그렇지 않으면 상사에게 야단 맞지 않게 조심하세요.

　^{중작} 这个学期一定要努力学习，不然拿不到奖学金。

3 ^{해석} 몇 번의 실패를 경험한 후, 그는 마침내 성공했습니다.

　^{중작} 住了一年院，他终于出院了。

맛있는 쓰기 ➡110~111쪽

2 ❶ 下个星期三寒假就要开始了。

　❷ 我决定趁劳动节去南方旅游。

　❸ 听同事说，在网上买很便宜。

　❹ 于是我就在网上订了两张票。

　❺ 我要好好儿感受一下那里的氛围。

3 참고 답안

						云	南	旅	游									
	下	个	星	期	五	十	一	黄	金	周	就	要	开	始	了	。	我	们
可	以	休	息	一	个	星	期	。	我	跟	朋	友	们	决	定	趁	这	个	机
会	去	云	南	旅	游	。	听	中	国	朋	友	说	，	去	火	车	站	订	票
很	麻	烦	，	于	是	我	们	就	在	网	上	买	了	。	然	后	我	们	又
去	书	店	买	了	一	本	介	绍	云	南	的	书	。	书	上	说	，	云	南
风	景	美	丽	，	气	候	宜	人	。	我	要	好	好	儿	感	受	一	下	中
国	南	方	的	风	土	人	情	。											

연습 문제 ➜ 112~113쪽

1 ❶ C　　❷ D

─ 녹음 원문 🎧 ─

❶ 你好好儿工作吧，两位老人的生活包在我身上了。
질문 说话人是什么意思?

❷ 他可是大忙人，放假和不放假一样，一定没时间去旅游。
질문 关于他，可以知道什么?

❶ 당신은 열심히 일하세요. 노인 두 분의 생활은 나에게 맡겨요.
질문 말하는 사람은 무슨 의미인가요?

❷ 그는 정말 바쁜 사람이에요. 휴가나 휴가 아닌 날이나 똑같아요. 분명히 여행 갈 시간이 없을 거예요.
질문 그에 대해 무엇을 알 수 있나요?

2 참고 답안

A ❶ 这是火车站，他们正在排队买火车票。
　❷ 在韩国，春节或者中秋节的时候，因为大家要回老家，所以也会排队买火车票。
B ❶ 这是北京的天安门，我以前去过一次。
　❷ 韩国人假期常常去海边或者空气好的山里度假，冬天还常常去滑雪。

단어 排队 pái duì 통 줄을 서다, 순서대로 정렬하다 | 老家 lǎojiā 명 고향(집) | 空气 kōngqì 명 공기 | 滑雪 huá xuě 통 스키를 타다

3 ❶ C　　❷ B　　❸ D

4 ❶ 这次机会非常难得，绝对不要错过。
　❷ 他趁我不在的时候，把我的电脑拿走了。
　❸ 既然一定要买，那就买最好的吧。
　❹ 北京烤鸭很有名，值得尝尝。

职场生活
직장 생활

맛있는 회화 ➜ 118~119쪽

직장 구하기

동민 이렇게 더운 날씨에 너는 급하게 어디서 돌아오는 거니?

친구 나는 방금 채용 박람회에 참가했었어. 좀 쉬었다가 오후에 하나 더 있어.

동민 너는 요즘 끊임없이 채용 박람회에 참가하는데, 줄줄이 연이어 계속 참가하니 그야말로 시합에 참가하는 것 같아.

친구 나도 정말 참가하고 싶지 않아. 하지만 요즘 경기가 안 좋아서 직장 구하기가 쉽지 않아. 오늘 나는 대기업 몇 곳에 이력서를 냈는데, 내 생각에 내 학력으로는 별 희망이 없어.

동민 너는 눈이 너무 높아. 왜 작은 회사들에는 도전해 보지 않니?

친구 내 생각에 초등학교 때부터 대학교까지 십여 년간 공부했는데, 돌아오는 것은 그저 이런 결과라서 좀 달갑지 않아.

동민 너무 조급해하지 마. 먼저 작은 회사부터 시작해서 다시 천천히 더 좋은 기회를 찾아도 늦지 않아.

친구 네 말도 일리가 있네. 나는 오후에 작은 회사들에 한번 넣어 봐야겠다.

확인 학습 ➜ 119쪽

❶ ○   ❷ ○

맛있는 듣기 ➜ 120~121쪽

STEP1 ❶ B ❷ D ❸ C

STEP2

> ❶ 小王，你上班老迟到，小心经理炒你鱿鱼。
> 质 通过这句话，可以知道什么？

> ❷ 女 才六点就回来了，今天太阳从西边出来了！
> 男 今天老板不在公司嘛。
> 质 通过对话，可以知道什么？
> ❸ 男 以前小明学习不怎么好，这次一下子考了个全班第一名！
> 女 你下功夫的话，你也可以。
> 质 通过对话，可以知道什么？

> ❶ 야오왕, 당신은 출근할 때 항상 지각해서 사장님이 당신을 해고할 수 있으니 조심해요.
> 질 이 말을 통해 무엇을 알 수 있나요？
> ❷ 여 겨우 6신데 돌아왔네. 오늘은 해가 서쪽에서 뜨겠어!
> 남 오늘 사장님이 회사에 안 계시잖아.
> 질 대화를 통해 무엇을 알 수 있나요？
> ❸ 남 예전에 샤오밍은 공부를 잘 못했는데, 이번에 갑자기 반에서 1등을 했어.
> 여 노력하면 너도 가능해.
> 질 대화를 통해 무엇을 알 수 있나요？

맛있는 듣고 말하기 ➜ 122~123쪽

STEP1 ❶ ○ ❷ ○ ❸ ×

STEP2

❶ 她整天去各种辅导班。

❷ 因为父母唠叨。

❸ 因为去大公司竞争太激烈。

STEP3

> **高不成，低不就**
> "毕业都一年多了，还整天去这辅导班去那辅导班的，你想靠我们靠到什么时候？"一听到父母这样唠叨，朋友就头疼。她自己也想工作，可是如今找工作哪儿有那么容易？况且她又不是名牌大学毕业的。去大公司吧，竞争太激烈；去小公司吧，又不乐意。真是高不成，低不就。

정답 및 해석

높은 것은 미치지 못하고,
낮은 것은 눈에 차지 않아요

"졸업하고 벌써 일 년이 넘었는데, 아직도 하루 종일 이 학원 저 학원 왔다 갔다 하면서 너는 언제까지 우리에게 의지할 생각이니?" 부모님의 이런 잔소리를 듣자마자, 친구는 머리가 아픕니다. 그녀 자신도 일을 하고 싶지만, 지금 직장을 구하는 게 어디 그렇게 쉬운가요? 게다가 그녀는 명문 대학을 졸업한 것도 아니고 말입니다. 큰 회사를 가자니 경쟁이 너무 치열하고, 작은 회사를 가자니 그건 또 싫습니다. 정말이지 높은 것은 미치지 못하고, 낮은 것은 눈에 차지 않습니다.

맛있는 이야기 해석 ➔ 124쪽

신입 사원의 고민

나는 작년 여름에 명문 대학을 졸업했습니다. 나는 대학에 다닐 때 각 방면에서 모두 우수하였고, 그래서 나는 직장을 구할 때 매우 쉽게 구했습니다. 나의 이 직업은 모든 학교 친구들 중에서 제일 좋아서 모두 다 나를 부러워하지만, 그들은 내가 사실 얼마나 힘든지 모릅니다.

우리 회사는 국내에서 확실히 손꼽히는 대기업이고, 게다가 연봉도 낮지 않습니다. 그러나 나의 상사들은 모두 교활한 인간입니다. 그들의 일을 모두 나에게 미룰 뿐만 아니라, 게다가 나의 공로를 모두 그들 자신들이 한 것으로 칩니다. 더욱 나를 화나게 하는 것은 내가 그들을 도와 보고서를 작성할 때, 그들은 오히려 컴퓨터 게임을 하고 있거나 인터넷을 하고 있습니다.

나는 원래 이러한 상황들을 부서장에게 알리고 싶었으나, 나는 부서장님이 나의 인간관계가 좋지 않다고 생각할까 봐 걱정돼서 줄곧 말을 못 꺼내고 있습니다. 나는 어떻게 해야 할까요?

맛있는 이야기 정답 ➔ 125쪽

1 ❶ 因为她毕业于一所名牌大学，而且在各方面都很优秀。

❷ 她们公司在国内是一家屈指可数的大企业，而且工资也不低。

❸ 因为上司们不但把他们的工作都推到她身上，而且把她的功劳都算做他们自己的。

2 ❶ ✕ 因为工资很高，所以我工作得很开心。

❷ ✕ 我的领导在写报告的时候，我在玩儿游戏。

❸ ○ 我担心领导以为我的人际关系不好，所以不敢把情况说出来。

맛있는 어법 ➔ 126~127쪽

1 해석 우리 회사는 2002년에 설립했습니다.
중작 我们大学位于首尔的西边。

2 해석 당신은 확실한 상황을 모르면서 제발 함부로 말하지 마세요.
중작 她确实是我们班女同学中最漂亮的。

3 해석 그는 원래 나의 학교 친구였는데, 이후 전학을 갔습니다.
중작 她本来就很胖，现在更胖了。

맛있는 쓰기 ➔ 128~129쪽

2 ❶ 他长得帅是帅，不过个子有点儿矮。
❷ 那本古典小说不是很有名吗？
❸ 这儿空气很好，散散步感觉很爽。
❹ 所有的悲伤好像都消失了。
❺ 偶尔去爬山对健康有好处。

3 참고 답안

							足	疗	挑	战	记			
	我	喜	欢	是	喜	欢	自	己	的	工	作	，	不	过	最	近	总	加
班	。	结	束	了	一	天	的	工	作	，	今	天	真	是	太	累	了	。	附
近	没	有	像	韩	国	那	样	的	桑	拿	浴	，	正	觉	得	可	惜	的	时
候	，	我	突	然	看	到	写	着	"	足	疗	"	的	招	牌	。	对	了	，
中	国	足	疗	不	是	很	有	名	吗	？	试	试	吧	。	虽	然	有	点	儿
疼	，	不	过	感	觉	很	爽	，	也	很	舒	服	，	所	有	的	疲	劳	好
像	都	消	失	了	。	偶	尔	做	一	次	足	疗	，	对	健	康	有	好	处	。

연습 문제 ➜ 130~131쪽

1 ❶ D　　❷ C

─ 녹음 원문 🎧 ─

❶ 小明在美国生活了五六年，竟说不了几句英语！
　质问 通过这句话，可以知道什么？

❶ 샤오밍은 미국에서 5, 6년을 살았는데, 의외로 영어를 몇 마디 못해요!
　질문 이 말을 통해 무엇을 알 수 있나요？

❷ 你呀你，让我说你什么好呢？
　质问 说话人是什么语气？

❷ 너 말이야, 내가 너를 어떻게 말하면 좋겠니？
　질문 말하는 사람은 어떤 말투인가요？

2 참고 답안

A ❶ 他们可能正在面试。
　　❷ 找工作的时候我觉得工资很重要，还有同事之间的关系也很重要。
B ❶ 他们可能正在开会。
　　❷ 在韩国，医生、律师、公务员等很受欢迎。因为这些职业工资高，比较稳定。

단어 律师 lǜshī 명 변호사

3 ❶ C　　❷ B　　❸ D

4 ❶ 你说我不想去？我巴不得现在就去。
　　❷ 你凭什么说我偷了你的东西？
　　❸ 说起大学生活，大家总是很怀念。
　　❹ 我觉得这件大衣不算便宜。

정답 및 해석

과 爱情与婚姻
사랑과 결혼

맛있는 회화 ➡136~137쪽

소소한 행복

샤오린 오늘 저녁에 또 무슨 풍성한 식사를 하려고? 이렇게 많은 채소를 사.

빙빙 어, 오늘 시어머니께서 우리 집에 오셔서 저녁 식사를 하시거든. 나는 실력을 발휘해서 내 요리 솜씨를 보여 드려야 돼.

샤오린 결혼 전에 너희는 얼마나 낭만적이었니? 우리 모두 특히 너를 부러워했잖아.
그런데 지금의 너는 오히려 소소한 생활 필수 품에 둘러싸였네.

빙빙 연애할 때는 모두 낭만적이지만, 낭만이 밥을 먹여 주지는 않아.
결혼하고 나면 생활하는 데 충실해야 돼.

샤오린 아, 결혼은 정말 사랑의 무덤이야. 역시 결혼 을 안 하는 게 나아.

빙빙 나는 결혼은 사랑의 결정체라고 생각해.
소소한 생활도 나름의 행복이 있어. 진심으로 사랑하는 사람과 함께 생활하는 것은 세상에 서 가장 행복한 일이야.

샤오린 하하, 너 이제 정말 '현모양처'구나.

확인 학습 ➡137쪽

❶ ✕   ❷ ◯

맛있는 듣기 ➡138~139쪽

STEP1 ❶ C ❷ C ❸ B

STEP2

❶ 生鱼片太贵了，我们怎么吃得起？
还是换道菜吧。
질문 通过这句话，可以知道什么？

❷ 男 你和你老公最近为什么总是吵 架啊？
女 他总是没事儿找事儿。

질문 关于女的的老公，可以知道什 么？

❸ 男 我们的儿子学习很用功，考名牌 大学不成问题。
女 我看没什么希望。

질문 通过对话，可以知道什么？

❶ 회는 너무 비싼데 우리가 어떻게 먹을 수 있겠 니? 아무래도 다른 요리로 바꾸는 게 좋겠어.
질문 이 말을 통해 무엇을 알 수 있나요?

❷ 남 너와 네 남편은 요즘 왜 자꾸 다투니?
여 그가 자꾸 긁어 부스럼을 만들어.
질문 여자의 남편에 대해 무엇을 알 수 있나요?

❸ 남 우리 아들은 열심히 공부하니까, 명문 대학에 들어가는 건 문제도 아니야.
여 내가 보기에는 아무 희망이 없어.
질문 대화를 통해 무엇을 알 수 있나요?

맛있는 듣고 말하기 ➡140~141쪽

STEP1 ❶ ✕ ❷ ◯ ❸ ✕

STEP2

❶ 今天是冰冰和她老公结婚五周年的纪 念日。
❷ 她老公把结婚纪念日忘了。
❸ 他现在没有以前那么有热情，而且很 懒。

STEP3

结婚五周年

今天是冰冰和她老公结婚五周年 的纪念日，可是她老公忘了个干干净 净。冰冰很生气，说："想想当年你 追我的时候，那么有热情，连我小狗 的生日你都记得清清楚楚。再看看你 现在，天天懒得要命不说，还……" 老公有点儿不耐烦了，说："都结婚 五年了，哪儿还有当时的热情啊？"

196   맛있는 중국어 Level ❻

결혼 5주년

오늘은 빙빙과 그녀 남편의 결혼 5주년 기념일
이지만, 그녀의 남편은 깨끗이 잊어버렸습니다. 빙
빙은 매우 화를 내며 말했습니다. "그 당시 당신이
나를 쫓아다닐 때 얼마나 열정적이었는지 생각해
봐. 내 강아지 생일조차도 분명하게 기억했었잖아.
다시 지금 당신을 봐, 매일 게으름만 피우는 건 그
렇다 쳐도……". 남편은 약간 귀찮다는 듯이 말했
습니다. "이미 결혼한 지 5년이 됐는데, 어디 그때
의 열정이 아직 있겠어?"

맛있는 이야기 해석 ➜142쪽

도둑한테 감사해야겠어요

회사에서 나를 상하이로 출장을 보냈습니다. 막
호텔에 도착해서, 나는 아내의 전화를 받았습니다.
"여보, 큰일 났어. 오늘 우리 집이 도둑맞았어." 나
는 벌떡 일어나 물었습니다. "뭐 잃어버렸어? 경찰
에 신고했어?" 아내가 말했습니다. "집안이 엉망진
창이고, 옷장 안의 1000위안도 없어졌어. 경찰이
오후에 와서 봤는데, 그들 말에 따르면, 다행히 그
도둑은 이미 붙잡혔대. 그래서 우리는 잃어버린 물
건을 모두 찾아올 수 있대."

나는 안도의 한숨을 쉬며 아내에게 말했습니다.
"빨리 가서 우리 결혼사진 좀 봐. 뒷면에 편지 봉투
가 하나 있어." 아내는 전화기를 내려놓고 가서 보
고는 다시 전화기를 들고 말했습니다. "내가 봤는데
아무것도 없어." 나는 마음이 급해졌습니다. "그럴
리가! 출장 가기 전에 내가 봤었어. 모두 8000위안
인데, 작년에 회사에서 준 상여금이야. 당신은 반
드시 그 돈들을 경찰에게 분명히 말해야 해." 아내
가 갑자기 웃으며 말했습니다. "좋아. 그런데 나는
그 도둑이 당신의 비자금을 발견한 것에 감사해야
겠네. 당신이 돌아온 후에 나는 당신과 다시 결판
을 내야겠어."

맛있는 이야기 정답 ➜143쪽

1 ❶ 因为他老婆说他们家被小偷偷了。
  ❷ 那八千块钱是去年公司发给他的奖
    金。
  ❸ 老婆会跟他算账。

2 ❶ ✕ 家里被小偷偷了，但是小偷还没
      被抓住。
  ❷ ○ 我的小金库有八千块钱，藏在结
      婚照后面的信封里。
  ❸ ○ 老婆打算等我回去后跟我算账。

맛있는 어법 ➜144~145쪽

1 해석 조사에 따르면, 50%의 직장인이 자신의 스
    트레스가 크다고 말했습니다.
  중작 据天气预报说，明天下午会下雨。
2 해석 다행히 당신이 공항으로 나를 마중 나왔기
    에 망정이지, 그렇지 않았으면 나는 길을 잃
    었을 겁니다.
  중작 幸亏你帮我，我才这么快做完。
3 해석 이 문장을 중국어로 번역하세요.
  중작 别把这件事告诉别人。

맛있는 쓰기 ➜146~147쪽

2 ❶ 把衣服和书装进箱子里吧。
  ❷ 我把刚才买的东西包好了。
  ❸ 这是往学校送的快递。
  ❹ 我很怕冷，幸好这个冬天比较暖
    和。
  ❺ 请确认一下您的电话号码和地址。

정답 및 해석

3 참고 답안

							邮	局	之	行						
	我	写	好	信	以	后	，	把	信	装	进	信	封	里	，	然	后	把
准	备	的	礼	物	也	包	好	了	。	下	午	，	我	去	了	家	附	近	的
一	个	邮	局	。	在	中	国	，	这	是	我	第	一	次	去	邮	局	，	所
以	有	点	儿	紧	张	。	我	告	诉	工	作	人	员	，	这	是	往	韩	国
寄	的	包	裹	。	他	让	我	把	包	裹	放	在	秤	上	。	幸	好	不	太
重	，	邮	费	不	是	很	贵	。	我	交	了	钱	以	后	，	又	确	认	了
一	下	我	写	的	地	址	。	希	望	女	朋	友	能	早	点	儿	收	到	我
的	礼	物	。													

연습 문제 ➜ 148~149쪽

1 ❶ D　　❷ A

┌─ 녹음 원문 🎧 ─

❶ 在中国买东西，会说汉语很重要，可是会讨价还价更重要。

질문 说话人认为在中国买东西什么更重要？

---

❷ 我这个月手头有点儿紧，不买衣服了。

질문 说话人这个月怎么了？

---

❶ 중국에서 물건을 살 때, 중국어를 할 줄 아는 것도 중요하지만, 값을 흥정할 줄 아는 것이 더 중요해요.

질문 말하는 사람은 중국에서 물건을 살 때 무엇이 더 중요하다고 생각하나요?

❷ 나는 이번 달에 주머니 사정이 좀 빠듯해서 옷을 안 살 거예요.

질문 말하는 사람은 이번 달에 어떠한가요?

2 참고 답안

A ❶ 他手里拿着戒指，打算求婚。

　❷ 选择结婚对象的时候，我最看重对方的性格和能力。

B ❶ 他们正在举行婚礼，看起来很幸福。

　❷ 我想结婚。我觉得一个人生活有时候很寂寞，结婚以后跟喜欢的人在一起生活会很幸福。

단어 戒指 jièzhi 명 반지 | 求婚 qiú hūn 통 청혼하다 | 举行 jǔxíng 통 거행하다

3 ❶ C　　❷ A　　❸ C

4 ❶ 朋友来我家吃饭，我得露一手。

　❷ 他可能是我见过的人中最脚踏实地的。

　❸ 他以前话很多，现在却不爱说话了。

　❹ 我吃光了哥哥的零食，他说要跟我算账。

消费生活
소비 생활

맛있는 회화 ➡ 154~155쪽
싼 것이 비지떡
동민 빨리 봐, 내가 새로 산 이 나이키 신발, 겨우
300위안 조금 넘어.

아메이 전문 매장에서는 1000위안이 넘는데, 이 신
발 가짜는 아니겠지?

동민 내가 꼼꼼히 봤는데, 전문 매장의 것과 완전
히 똑같아.

사장님이 그들은 할인 판매하는 거래, 그래서
싸다고 하더라고. 만약에 문제가 있으면, 언제
든지 환불, 교환할 수 있대.

아메이 그럼 너 정말 싸게 잘 산 거네.

(일주일 후)

아메이 왜 너의 나이키 신발을 안 신었어?

동민 말도 마, 어제 갑자기 큰비가 내렸는데, 그 신
발은 뜻밖에 색이 빠졌어.

내가 환불하러 갔는데, 그 가게가 이미 음식
점으로 바뀌었을 줄 누가 알았겠어!

아메이 정말 싼 게 비지떡이구나. 다음 번엔 아무래도
전문 매장에 가서 사는 게 좋겠어.

확인 학습 ➡ 155쪽
❶ ✕   ❷ ✕

맛있는 듣기 ➡ 156~157쪽
STEP1 ❶ A ❷ D ❸ D

STEP2

> ❶ 小王，你要是早来五分钟，就能看
> 到经理了。
> 질문 小王见到经理了吗?
> ❷ 女 你每天这样晚睡早起，一定会
> 生病的。

男 算了吧，彼此彼此!
질문 通过对话，可以知道什么?

❸ 男 结婚以后我一定带你去周游世
界，我说到做到。
女 我相信你才怪呢!
질문 通过对话，可以知道什么?

> ❶ 샤오왕, 당신이 만약 5분 일찍 왔다면, 사장님
> 을 뵐 수 있었어요.
> 질문 샤오왕은 사장님을 만났나요?
> ❷ 여 너는 매일 이렇게 늦게 자고 일찍 일어나면
> 분명히 병이 날 거야.
> 남 됐어, 피차일반이지!
> 질문 대화를 통해 무엇을 알 수 있나요?
> ❸ 남 결혼 후에 나는 반드시 당신을 데리고 세계
> 곳곳을 다닐 거야. 나는 한다면 해.
> 여 내가 당신을 믿는 게 이상하지!
> 질문 대화를 통해 무엇을 알 수 있나요?

맛있는 듣고 말하기 ➡ 158~159쪽
STEP1 ❶ ✕ ❷ ○ ❸ ✕

STEP2

❶ 因为她在网上买的化妆品和手表不光价
钱便宜，质量也不错，还节省了时间。
❷ 她买的运动鞋穿了不到三天就坏了。
❸ 现在她知道了网上购物质量也是有好
有坏的。

STEP3

> ### 网上购物的喜与忧
> 阿美是个购物狂，最近她迷上了
> 网上购物。上个星期她在一个网站
> 上买了一套化妆品和一块手表，不光
> 价钱便宜，质量也不错，还节省了时
> 间。别提多高兴了! 阿美天天向朋友
> 们推荐这个网站。这个星期她又买
> 了一双运动鞋，可穿了不到三天就坏
> 了。现在阿美知道了，网上购物质量
> 也是有好有坏的。

정답 및 해석

인터넷 쇼핑의 희비

아메이는 쇼핑광입니다. 최근 그녀는 인터넷 쇼핑에 빠졌습니다. 지난주에 그녀는 한 웹 사이트에서 화장품 한 세트와 손목시계 하나를 샀는데, 가격이 저렴할 뿐 아니라 질도 좋고, 시간도 절약할 수 있었습니다. 얼마나 기뻤는지 말할 필요도 없습니다. 아메이는 날마다 친구들에게 이 웹 사이트를 추천했습니다. 이번 주에 그녀는 또 운동화 한 켤레를 샀는데, 3일도 못 신고 바로 망가졌습니다. 이제 아메이는 알았습니다. 인터넷 쇼핑도 품질이 좋은 것이 있고, 나쁜 것이 있다는 것을요.

맛있는 이야기 해석 ➔160쪽

인터넷 쇼핑에서 사기 당한 이야기

나는 여태껏 인터넷 쇼핑을 믿지 않았습니다. 직접 상점에 가서 물건을 사도 사기를 당할 수 있다고 생각하는데, 하물며 인터넷이라는 이 가상 세계는요?

그러나 어느 날 나는 인터넷으로 신문을 보고 있을 때, 조심하지 않아서 튀어나온 작은 광고를 클릭했는데, 쇼핑몰 사이트였습니다. 사이트 안에는 갖가지 상품이 가득했고, 보기에 그런대로 괜찮았습니다. 결국, 여기는 한번 들어가면 나올 수가 없었습니다. 사이트에는 마침 내가 사고 싶어 하던 샤넬 향수가 있었습니다. 비교를 통해 나는 백화점에서 파는 것보다 훨씬 싸다는 것을 발견했습니다. 나는 즉시 샤넬 향수 한 병을 구매했습니다. 판매자는 3일이내에 상품을 발송하겠다고 대답했습니다. 그러나 일주일이 지나도 상품은 보지도 못하고, 판매자도 연락이 안 될 줄 누가 알았겠어요. 알고 보니 이 사이트는 가짜였습니다. 내 손에는 단지 영수증 한 장만 남았습니다. 정말 한바탕 울고 싶습니다.

맛있는 이야기 정답 ➔161쪽

1 ❶ 因为她觉得亲自去商场买东西都有可能上当，何况网络这个虚拟世界呢？

❷ 她上网看新闻时，不小心点击了一个跳出的小广告进去的。

❸ 她没收到香奈尔香水。

2 ❶ ✕ 我觉得亲自去商场买东西不太可能上当。

❷ ○ 网站上的香水比百货商店里的便宜，所以我立刻买了。

❸ ✕ 卖家承诺一个星期之内发货，可是我一直没收到。

맛있는 어법 ➔162~163쪽

1 해석 어른도 옮기지 못하는데, 하물며 아이가요?

중작 我都这么高兴，何况你爸爸呢？

2 해석 나는 그녀를 볼 때, 그녀도 나를 보고 있는 것을 발견했습니다.

중작 当我在中国学习的时候，他还在美国留学。

3 해석 이 일을 통해, 나는 그가 믿을 만한 사람이라는 것을 발견했습니다.

중작 经过三年的努力，他终于买了自己的房子。

맛있는 쓰기 ➔164~165쪽

2 ❶ 我一个月至少去爬一次山。

❷ 我去就行了，你不用来。

❸ 打折的时候买衣服可以省钱。

❹ 现在很多人都离不开手机。

❺ 他很聪明，老师一教他就会。

3 참고 답안

						爱	上	爱	奇	艺					
	我	很	喜	欢	看	电	影	。	在	韩	国	的	时	候	，	不	管	是
去	电	影	院	，	还	是	在	网	上	，	我	一	个	星	期	至	少	看	一
部	电	影	。	来	中	国	以	后	，	因	为	电	影	院	离	我	住	的	地
方	很	远	，	所	以	我	就	使	用	爱	奇	艺	看	电	影	。	这	样	不
用	预	订	电	影	票	，	也	不	用	排	队	，	而	且	爱	奇	艺	的	会
员	很	便	宜	，	可	以	省	钱	。	现	在	我	都	离	不	开	爱	奇	艺
了	，	一	有	空	就	打	开	看	看	。									

연습 문제 ➔ 166~167쪽

1 ❶ A   ❷ C

─ 녹음 원문 🎧 ─

❶ 他从来不把别人放在眼里，当然没有人喜欢他。

  질문 关于他，可以知道什么？

❷ 我和她过去是同学，现在又成了同事，真是有缘啊！

  질문 关于两个人，可以知道什么？

❶ 그는 여태껏 다른 사람은 안중에도 없었어요. 당연히 그를 좋아하는 사람은 없어요.

  질문 그에 관해 무엇을 알 수 있나요?

❷ 나와 그녀는 과거에 동창이었고, 지금은 또 동료가 됐어요. 정말 인연이 있죠!

  질문 두 사람에 관해 무엇을 알 수 있나요?

2 참고 답안

A ❶ 她们在百货商店买衣服呢。

  ❷ 我喜欢在网上购物，因为网上购物很方便，想什么时候买就什么时候买。

B ❶ 他在刷卡结账。

  ❷ 我喜欢用手机结账，因为不用带现金和信用卡，很方便。

3 ❶ B   ❷ A   ❸ D

4 ❶ 他居然会做这种事，我不能相信。

  ❷ 别担心，有什么问题，随时问我。

  ❸ 人都到了的话，立刻出发吧。

  ❹ 校长亲自去机场接了张教授。

정답 및 해석

종합 평가 ➜171~176쪽

1 ❶ ○ ❷ × ❸ ○ ❹ ×

― 녹음 원문 🎧 ―

❶ 这个星期天是母亲节，我本来打算送给妈妈一束花，但是老婆说："每年都送花多不好啊! 今年咱们给妈妈送个大红包吧!"
★ 老婆不同意给妈妈送花。

❷ 我毕业于一所名牌大学，在一家大企业上班。很多人羡慕我的工作，可是无论是工作还是人际关系，我都做得不好。我现在压力很大。
★ 他的工资不高，所以感到压力很大。

❸ 我假期去海南岛玩儿了。海南岛的风景格外美，我拍了很多照片。但是那儿太热了，我的脸都晒黑了。
★ 海南岛的景色很美。

❹ 昨天我一回家，发现家里好像被小偷偷了。我马上报了警。幸亏警察很快把小偷抓住了，丢的东西也都找回来了。
★ 小偷还没被警察抓住。

❶ 이번 주 일요일은 어머니날입니다. 나는 원래 어머니께 꽃다발을 선물해 드리려고 했는데, 아내는 "매년 꽃을 선물하는 것은 얼마나 별로야! 올해 우리는 어머님께 돈 봉투를 선물하자!"라고 말했습니다.
★ 아내는 어머니께 꽃을 선물하는 것에 동의하지 않습니다.

❷ 나는 명문 대학을 졸업하고 한 대기업에 출근합니다. 많은 사람들이 나의 일을 부러워하지만, 일이든 인간 관계든 관계없이 나는 모두 잘 못합니다. 나는 지금 스트레스가 매우 큽니다.
★ 그의 월급이 높지 않아서 스트레스가 크다고 느낍니다.

❸ 나는 연휴 때 하이난도에 놀러 갔습니다. 하이난도의 풍경은 특히 아름다워서 나는 사진을 많이 찍었습니다. 그런데 거기는 너무 더웠습니다. 나의 얼굴은 모두 까맣게 탔습니다.
★ 하이난도의 정치는 매우 아름답습니다.

❹ 어제 나는 집에 돌아가자마자 집이 도둑에게 도둑맞은 것 같았습니다. 나는 바로 경찰에 신고했습니다. 다행히 경찰은 빨리 도둑을 잡아서 잃어버린 물건도 모두 찾았습니다.
★ 도둑은 아직 경찰에게 잡히지 않았습니다.

2 ❶ B ❷ D ❸ B ❹ D

― 녹음 원문 🎧 ―

❶ 男 你烫发了?
女 是啊，换了个新发型，顺便换个心情。
男 不过我还是觉得你原来的发型更好看。
女 是吗? 我觉得还可以。
[질문] 关于女的，可以知道什么?

❷ 男 看我这双鞋，你猜多少钱?
女 我看起码得一千。
男 错，才三百块。
女 真的假的? 你在哪儿买的?
男 网上打折买的，我算是捡了个大便宜。
[질문] 关于男的，可以知道什么?

❸ 男 你哪儿不舒服? 怎么吃那么多药?
女 这不是药，是保健品。
男 我觉得与其吃保健品，不如好好儿吃饭，多做运动。
女 我不是没时间吃饭、运动嘛! 只能靠保健品了。
[질문] 下面哪个是对的?

❹ 男 你怎么了? 不高兴?
女 不是。我想问问你。
男 问什么? 突然好紧张。
女 你知道今天是什么日子吗?
男 今天三月十四号，什么日子? 哎呀，咱们的结婚纪念日!
女 你终于想起来了?
[질문] 今天是什么日子?

❶ 남 너 파마했니?
　여 어, 새로운 헤어스타일로 바꾸는 김에 기분 전환도 했어.
　남 그런데 나는 그래도 너 원래 헤어스타일이 더 예쁘다고 생각해.
　여 그래? 나는 괜찮다고 생각하는데.
　[질문] 여자에 관해 무엇을 알 수 있나요?

❷ 남 내 이 신발을 보고 얼마인지 네가 맞혀 봐.
　여 내가 보기에 최소한 천 위안은 될 것 같아.
　남 틀렸어. 겨우 삼백 위안이야.
　여 정말이야? 너 어디에서 샀는데?
　남 인터넷에서 할인해서 샀어. 나는 엄청 싸게 잘 산 셈이지.
　[질문] 남자에 관해 무엇을 알 수 있나요?

❸ 남 너 어디가 안 좋아? 왜 그렇게 많은 약을 먹어?
　여 이건 약이 아니고, 건강식품이야.
　남 내 생각에는 건강식품을 먹으니 차라리 밥을 잘 먹고, 운동을 많이 하는 게 좋을 것 같아.
　여 나는 밥 먹고 운동할 시간이 없잖아! 건강식품에 의존할 수밖에 없어.
　[질문] 다음 중 어느 것이 맞나요?

❹ 남 너 왜 그래? 기분이 안 좋아?
　여 아니야. 나 너한테 물어보고 싶은 것이 있어.
　남 뭘 물어봐? 갑자기 매우 긴장된다.
　여 너는 오늘이 무슨 날인지 알아?
　남 오늘 3월 14일, 무슨 날이지?
　　아이쿠, 우리의 결혼기념일이네!
　여 너는 드디어 생각났어?
　[질문] 오늘은 무슨 날인가요?

3 ❶ B　❷ C　❸ C　❹ A

─ 녹음 원문 🎧 ─

★ ①, ②번 문제는 다음 내용에 근거합니다.

亲爱的王老师，您好！过去的三年，我经常不听您的话，也做过很多错事，但您从来没有骂我、打我，一直对我很好。我非常感谢您对我的关心和照顾，请您原谅不懂事的我。我以后一定努力学习、好好做人，请您放心。
[질문] ① 说话人可能是做什么的？
　　② 关于王老师，可以知道什么？

★ ③, ④번 문제는 다음 내용에 근거합니다.

我们都知道，不同的地方有不同的文化。就拿中国的南方和北方来说吧，北方人一般吃得比较咸，南方人吃得比较淡；大部分的北方人性格可能更活泼、外向，南方人可能更安静、内向；再比如，说话的时候，北方人的声音会比南方人大一点儿。
[질문] ③ 说话人觉得北方人怎么样？
　　④ 说话人想说的是什么？

★ ①, ②번 문제는 다음 내용에 근거합니다.
친애하는 왕 선생님, 안녕하세요! 지난 3년 동안 저는 자주 선생님의 말을 듣지 않고, 잘못한 일도 많았습니다. 하지만 선생님은 여태까지 저를 혼내거나 때리지 않으시고 줄곧 저한테 매우 잘 해 주셨습니다. 저는 선생님께서 저에게 주신 관심과 보살핌에 매우 감사드립니다. 철없는 저를 용서해 주세요. 저는 앞으로 반드시 열심히 공부하고, 사람 구실 잘 할 테니 안심하세요.
[질문] ① 말하는 사람은 아마도 무엇을 하는 사람인가요?
　　② 왕 선생님에 관해 무엇을 알 수 있나요?

★ ③, ④번 문제는 다음 내용에 근거합니다.
우리는 모두 지역마다 다른 문화가 있다는 것을 압니다. 중국의 남방과 북방에 대해 말하자면, 보통 북방 사람은 비교적 짜게 먹고, 남방 사람은 비교적 싱겁게 먹습니다. 대부분 북방 사람의 성격이 더 활발하고 외향적일 수 있고, 남방 사람은 더 조용하고 내성적일 수 있습니다. 또 예를 들어, 말할 때 북방 사람의 목소리가 남방 사람보다 좀 더 클 수 있습니다.
[질문] ③ 말하는 사람은 북방 사람이 어떻다고 생각하나요?
　　④ 말하는 사람은 무엇을 말하고 싶어 하나요?

4 ❶ 封　❷ 倍　❸ 盆　❹ 道

5 ❶ B　❷ D　❸ A

6 ❶ D　❷ A　❸ B　❹ B

7 ❶ C　❷ D　❸ C

정답 및 해석

8 ❶ C　　❷ A　　❸ B

> 작년에, 나는 회사에 의해 프랑스로 (① 파견되어) 일했습니다. 한 번은, 동료가 나에게 프랑스 친구 한 명을 소개해 주었습니다. 처음 그 친구와 만났을 때, 나는 원래 손을 (② 내밀어) 그와 악수를 할 생각이었는데, 뜻밖에 그가 나에게 키스를 할 줄은 생각지도 못했습니다. 그때 나는 (③ 너무 놀랐습니다). 비록 나는 이것이 프랑스의 문화인 것은 알지만, 나는 아직 익숙하지 않습니다.

9 ❶ C → A → B　　❷ B → C → A
　　❸ A → C → B

10 ❶ 他的梦想是去电视台工作。
　　❷ 因为上海电视台让他参加面试，他很高兴。
　　❸ 面试九点正式开始。
　　❹ 因为竞争确实太激烈了。

> 방송국에 가서 일하는 것이 나의 꿈입니다. 그래서 나는 유명한 방송국 몇 군데에 이력서를 냈습니다. 지난주, 상하이방송국에서 나에게 문자 메시지를 보내서 면접에 참가하라고 했습니다. 나는 기뻐서 밤새 못 잤습니다.
>
> 오늘 나는 상하이방송국의 면접에 참가했습니다. 면접은 9시 정시에 시작했지만, 나는 11시 반의 조에 안배되었습니다. 면접에 참가하는 사람들은 매우 많았습니다. 어떤 사람은 매우 우수해 보였고, 어떤 사람은 나와 같이 매우 긴장한 것처럼 보였는데, 경쟁이 확실히 매우 치열했기 때문입니다.
>
> 면접을 볼 때, 나는 먼저 자기소개를 하고 나서 그들이 묻는 질문에 대답했습니다. 나는 매우 긴장했기 때문에 원래 준비를 잘 한 질문도 오히려 대답을 잘 못했습니다. 아, 보아하니 나는 이번에 내 꿈을 실현하지 못할 것 같습니다.

11 ❶ 你运动的时候顺便把垃圾扔了。
　　❷ 我以为你再也不抽烟了呢。

12 참고 답안

　　上个周末我跟朋友商量了一下，决定一起去海边玩儿。一到目的地，我们发现那里人真多，而且外边非常热，所以白天我们一直在酒店里呆着。晚上，我们坐在海边一边聊天儿，一边喝啤酒，玩儿得很开心。

찾아보기

찾아보기

찾아보기

고유명사

독해의 달인이 되는 필독 기본서
재미와 감동, 문화까지 맛있게 독해하자

엄영권 지음 | ❶ 228쪽 · ❷ 224쪽
각 권 값 14,500원(MP3 파일 무료 다운로드)

작문의 달인이 되는 필독 기본서
어법과 문장구조, 어감까지 익혀 거침없이 작문하자

한민이 지음 | 각 권 204쪽 | ❶ 16,000원 ❷ 13,500원

중국어의 달인이 되는 필독 기본서

어법의 달인이 되는 필독 기본서
중국어 어법 A to Z 빠짐없이 잡는다

한민이 지음 | 280쪽 | 값 17,500원
(본책+워크북+발음 MP3 파일 무료 다운로드)

듣기의 달인이 되는 필독 기본서
듣기 집중 훈련으로 막힌 귀와 입을 뚫는다

김효정 · 이정아 지음 | 232쪽 | 값 15,000원
(본책+워크북+MP3 CD 1장 포함)

맛있는 중국어 HSK 시리즈

THE 맛있게
THE 쉽게 즐기세요!

시작에서
합격까지
4주
완성!

박수진 저 | 19,500원

기본서, 해설집, 모의고사 All In One 구성

한눈에 보이는 공략   간략하고 명쾌한   실전에 강한

 + + + 1~2급

기본서   해설집   모의고사   필수단어 300

박수진 저 | 22,500원

왕수인 저 | 23,500원

장영미 저 | 24,500원

JRC 중국어연구소 저 | 25,500원

"베스트셀러 교재와
베스트 강의가 하나로 만났다!"

맛있는스쿨 | www.cyberjrc.com 🔍

외국어 전 강좌	영어 전 강좌	중국어 전 강좌
인강 풀패키지	인강 풀패키지	인강 풀패키지
일본어 전 강좌	베트남어 전 강좌	태국어, 러시아어
인강 풀패키지	인강 풀패키지	기타 외국어

www.cyberJRC.com

친구 등록하고 실시간 상담 받기

KakaoTalk Ch 맛있는스쿨 ➕

최신 개정

맛있는 중국어
Level ❻ 중국통

워크북

JRC 중국어연구소 기획·저

맛있는 books

代沟
세대 차이

맛있는 단어

1 다음 빈칸을 알맞게 채우세요.

중국어	뜻	중국어	뜻
代沟	❶	❻	마음에 두다, 개의하다
❷	피골이 상접하다, 몹시 여위다	❼	결국, 어쨌든
❸	적어도, 최소한, 최소한의	❽	잘 맞다, 잘 어울리다
老脑筋	❹	交往	❾
❺	다음에 다시 생각하다, 게다가, 더구나	管	❿

2 다음 보기에서 알맞은 표현을 골라 써 보세요.

> 보기 交往 管 代沟 合得来

❶ 他比我大十几岁，我们俩有＿＿＿＿＿＿。

❷ 你跟女朋友＿＿＿＿＿＿几个月了?

❸ 他们两个人很＿＿＿＿＿＿，整天在一起玩儿。

❹ 这件事我自己解决，你不要＿＿＿＿＿＿。

3 문장을 듣고 받아쓰기하세요.

Track01

❶ ＿＿＿＿＿＿＿＿＿＿＿＿＿＿＿＿＿＿＿＿＿＿＿

❷ ＿＿＿＿＿＿＿＿＿＿＿＿＿＿＿＿＿＿＿＿＿＿＿

❸ ＿＿＿＿＿＿＿＿＿＿＿＿＿＿＿＿＿＿＿＿＿＿＿

❹ ＿＿＿＿＿＿＿＿＿＿＿＿＿＿＿＿＿＿＿＿＿＿＿

Track02

1 녹음을 듣고 빈칸을 채운 후, 말해 보세요.

妈妈   小林，小月最近工作太累了吧？

你看，这照片上她❶＿＿＿＿＿＿

＿＿＿了。

小林   妈，那哪儿是小月啊？

我还没来得及告诉您呢，这是我的

新女朋友子艺。

妈妈   哎哟，❷＿＿＿＿＿＿，今年你❸＿＿＿＿＿三个女朋友了吧？

你这样怎么行？

小林   妈，现在都这样，您❹＿＿＿＿＿＿。

再说，我❺＿＿＿＿＿别人怎么看呢。

妈妈   那这次总该定下来了吧？

小林   ❻＿＿＿＿，要是合得来就❼＿＿＿＿＿，不好就再换。

妈妈   看来咱们❽＿＿＿＿＿＿啊！

算了，❾＿＿＿＿＿，你爱怎么样❿＿＿＿＿＿。

2 위의 회화를 보고 다음 질문에 중국어로 대답해 보세요.

❶ 子艺长得怎么样？　　🎤 ＿＿＿＿＿＿＿＿＿＿＿＿＿＿＿

❷ 小林今年换了几个女朋友了？　🎤 ＿＿＿＿＿＿＿＿＿＿＿＿＿＿＿

❸ 小林觉得妈妈是什么样的人？　🎤 ＿＿＿＿＿＿＿＿＿＿＿＿＿＿＿

1 녹음을 듣고 빈칸을 채운 후, 읽어 보세요.

给妈妈的信

亲爱的妈妈：

　　妈妈！今天是母亲节，❶＿＿＿＿＿＿＿＿，是想告诉您，我多么

感谢您。爸爸去世后，❷＿＿＿＿＿＿＿我和妹妹，开始在市场里卖

鱼。班里的孩子们❸＿＿＿＿＿＿＿，常常说："你这个臭孩子，你一

进教室就有臭味儿。"不知道他们是❹＿＿＿＿＿＿＿我身上的鱼

腥味儿，还是在市场里看到了我帮您收摊儿。反正从那时候起我心

里就❺＿＿＿＿＿＿＿，再也没去市场，而且❻＿＿＿＿＿＿＿

＿＿，也不跟您说话。唉！当时我❼＿＿＿＿＿＿＿。可是妈妈，

您❽＿＿＿＿＿＿＿，好像已经知道了我为什么会这样。有一天晚上

您❾＿＿＿＿＿＿＿＿，就摸着我的脸说："乖孩子，妈妈很爱

你。"听到这句话，❿＿＿＿＿＿＿＿。妈妈，⓫＿＿＿＿＿＿＿

不懂事的我。

您的儿子 小林

2 제시된 단어를 이용하여 다음 문장을 중국어로 써 보세요.

❶ 제가 얼마나 당신께 감사하는지 알려 드리고 싶어서 이 편지를 씁니다. (封, 多么)

➡ _____

❷ 어쨌든 그때부터 저는 마음속으로 당신을 원망하기 시작했습니다. (反正, 埋怨)

➡ _____

❸ 다시는 시장에 가지 않았고, 게다가 일부러 당신의 말씀도 안 들었습니다. (再也, 故意)

➡ _____

❹ 어느 날 밤 당신은 제가 잠든 줄 아셨습니다. (以为)

➡ _____

❺ 이 말을 듣고, 저는 참지 못하고 울었습니다. (忍不住)

➡ _____

3 다음 질문에 자유롭게 중국어로 말해 보세요.

❶ 你埋怨过父母吗? 因为什么?

🎙 _____

❷ 你最感谢父母什么?

🎙 _____

1 다음 문장을 바르게 고쳐 보세요.

❶ 他不忍住又抽烟了。

➡ _____

❷ 他的汉语很好，我以为他是韩国人。

➡ _____

❸ 明天不用去学校，反正我想帮妈妈收拾房间。

➡ _____

❹ 听到这句话，我忍得住哭了。

➡ _____

2 밑줄 친 부분을 어순에 맞게 배열하여 완전한 문장을 만드세요.

❶ 他很受女生欢迎，交 / 今年 / 了 / 五个 / 起码 / 女朋友 / 了

➡ _____

❷ 她找男朋友的要求不高，合得来 / 只要 / 了 / 就行

➡ _____

❸ 妈妈不工作，一个人 / 养活 / 赚钱 / 家人 / 爸爸

➡ _____

❹ 我常常做错事，一直 / 父母 / 都 / 包容 / 很 / 但是 / 我

➡ _____

▶ 다음 글을 중국어로 써 보세요.

> 나는 이번 주부터 영어를 배우기 시작했다. 이틀 걸러(每隔两天) 한 번씩 학원에 간다. 혼자 가려니 사실 조금 두려웠는데, 마침(刚好) 내 친구도 영어를 배우겠다고 해서, 우리 둘은 같이 가기로 결정했다. 우리는 학원에서 공부할 뿐만 아니라, 게다가 또 도서관에 가서 복습한다(不但…而且…). 영어를 배우는 게 어렵기는 하지만, 정말 재미있다.

참고 단어 害怕 hài pà 통 무서워하다, 두려워하다

48

96

144

中国人的文化习惯

중국인의 문화 습관

맛있는 단어

1 다음 빈칸을 알맞게 채우세요.

중국어	뜻	중국어	뜻
❶	간단한 식사, 일반 식사	开会	❻
醉	❷	❼	배열하다, 진열하다
❸	(취기, 마취 등이) 깨다, (잠에서) 깨다	❽	가득 차다, 꽉 차다
不得了	❹	大饱口福	❾
客户	❺	不敢	❿

2 다음 보기에서 알맞은 표현을 골라 써 보세요.

> 보기   口   根本   满   不得了

❶ 教室里坐_____了学生。

❷ 我今天高兴得_____。

❸ 他做的菜太难吃了，我一_____也没吃。

❹ 这件事我_____不知道，你问别人吧。

3 문장을 듣고 받아쓰기하세요.

Track04

❶ _____

❷ _____

❸ _____

❹ _____

Track05

1 녹음을 듣고 빈칸을 채운 후, 말해 보세요.

阿美　你的脸色怎么这么难看?

东民　昨天晚上❶_____, ❷_____

才醒过来, 现在头疼得不得了。

阿美　你昨晚不是❸_____

_____了吗?

东民　是啊, 开完会, 他们说❹_____。

结果我们六个人❺_____, 桌子都摆满了。

阿美　中国人❻_____, 说是 "吃顿便饭", 但是会点很多菜。

这下你大饱口福了吧?

东民　我❼_____, 他们❽_____敬酒。

我不喝, 他们就不高兴, 我只好❾_____喝了。

阿美　哈哈, 在中国人的酒桌上, 能喝也得喝, 不能喝也得喝。

东民　是啊, 下次我❿_____和中国人喝酒了。

2 위의 회화를 보고 다음 질문에 중국어로 대답해 보세요.

❶ 东民现在怎么样?　　　🎤 _____

❷ 东民昨晚做什么了?　　🎤 _____

❸ 东民为什么只好硬着头皮喝酒?　🎤 _____

1 녹음을 듣고 빈칸을 채운 후, 읽어 보세요.

Track06

慢慢儿地

在中国你常常会听见"慢慢儿地" ❶ _____。吃饭的时候

❷ _____ "慢慢儿吃慢慢儿吃",送客的时候 ❸ _____

_____ "快走",一定会跟你说"请慢走",因为跟客人说"快

点儿快点儿" ❹ _____,客人会觉得主人在赶他走。

在日常生活中,中国人也总是"慢慢儿地"。吃饭的时候,中国人

❺ _____ "细嚼慢咽"。❻ _____的时候,中国人会说

"慢慢儿会好的"。要做的事情特别多的时候,中国人 ❼ _____

_____,他们会说"慢慢儿做"、"慢慢儿来"。他们认为这样 ❽ _____

_____、更好。

何必那么快呢?除非是火烧眉毛,否则中国人是 ❾ _____

_____。但是在 ❿ _____的现代社会里,中国人其实也

⓫ _____了。

2 제시된 단어를 이용하여 다음 문장을 중국어로 써 보세요.

❶ 손님은 주인이 자신을 내쫓는다고 생각할 수 있습니다. (赶)

➡ _____

❷ 밥 먹을 때, 중국인은 특히 '음식을 잘 씹어 천천히 삼키는 것'을 중요시합니다.
(格外, 细嚼慢咽)

➡ _____

❸ 해야 할 일이 특히 많을 때, 중국인은 여전히 조급해하지 않습니다. (仍然)

➡ _____

❹ 그들은 이렇게 해야 더욱 꼼꼼하게 더 잘 할 수 있다고 여깁니다. (认为, 仔细)

➡ _____

❺ 구태여 그렇게 서두를 필요가 있습니까? (何必)

➡ _____

3 다음 질문에 자유롭게 중국어로 말해 보세요.

❶ 你觉得中国人做事慢吗?

🎤 _____

❷ 你觉得韩国人 "慢" 还是 "快"？为什么?

🎤 _____

1 다음 문장을 바르게 고쳐 보세요.

❶ 今天看的电影悲伤格外。

➡ _____

❷ 说了好几次，他却仍然还是不听话。

➡ _____

❸ 他睡了二十个小时才醒出来。

➡ _____

❹ 他只是个孩子，你生气何必呢?

➡ _____

2 밑줄 친 부분을 어순에 맞게 배열하여 완전한 문장을 만드세요.

❶ 这次面试非常重要，认真 / 他这几天 / 格外 / 得 / 准备

➡ _____

❷ 请相信我，关系 / 绝对跟 / 这件事 / 我 / 没有

➡ _____

❸ 他一见到老师，得 / 紧张 / 就 / 不得了

➡ _____

❹ 我没钱了，朋友 / 只好 / 借 / 硬着头皮 / 向 / 钱

➡ _____

▶ 다음 글을 중국어로 써 보세요.

> 핸드폰이 울렸다(响). 친구가 나에게 문자 메시지를 보내 "이번 주말에 시간 있니? 같이 영화 보러 가는 게 어때?"라고 물었다. 나는 중국에서 한 번도 영화관에 가 본 적이 없어서, 곧바로 동의했다(答应). 나는 중국의 영화관이 매우 궁금하다(好奇). 주말이 빨리 왔으면 좋겠다.

참고 단어 好奇 hàoqí 통 궁금하다, 호기심을 갖다

48

96

144

健康生活
건강한 생활

맛있는 **단어**

1 다음 빈칸을 알맞게 채우세요.

중국어	뜻	중국어	뜻
到处	❶	高中	❻
❷	스트레스, 압박감	❼	잠을 이루지 못하다, 불면증에 걸리다
主任	❸	治疗	❽
心理医生	❹	大人	❾
❺	심리	早出晚归	❿

2 다음 보기에서 알맞은 표현을 골라 써 보세요.

보기	压力	失眠	到处	治疗

❶ ＿＿＿＿＿＿＿大的时候，你会怎么办呢?

❷ 奶奶的腿不好，需要去医院＿＿＿＿＿＿。

❸ 房间怎么这么脏? ＿＿＿＿＿＿都是垃圾。

❹ 我最近心情不好，总是＿＿＿＿＿＿。

3 문장을 듣고 받아쓰기하세요.

Track07

❶ ＿＿＿＿＿＿＿＿＿＿＿＿＿＿＿＿＿＿＿＿＿＿＿＿＿＿

❷ ＿＿＿＿＿＿＿＿＿＿＿＿＿＿＿＿＿＿＿＿＿＿＿＿＿＿

❸ ＿＿＿＿＿＿＿＿＿＿＿＿＿＿＿＿＿＿＿＿＿＿＿＿＿＿

❹ ＿＿＿＿＿＿＿＿＿＿＿＿＿＿＿＿＿＿＿＿＿＿＿＿＿＿

1 녹음을 듣고 빈칸을 채운 후, 말해 보세요.

Track08

小林 今天李主任怎么没来上班?

冰冰 哦, 她 ❶_____ 去看心理
医生了。

小林 她儿子才多大啊, 就要看心理
医生?

冰冰 ❷_____, 听说那孩子最近 ❸_____, 吃不好,
睡不好, 而且不想学习。

小林 情况这么严重啊! 那医生怎么说?

冰冰 医生说, 要是 ❹_____, 会 ❺_____的。

小林 我以为只有我们大人 ❻_____, 没想到孩子们的
❼_____。

冰冰 是呀, 现在的孩子跟我们小时候 ❽_____, 每天早出
晚归的, 比我们上班的人还忙。

2 위의 회화를 보고 다음 질문에 중국어로 대답해 보세요.

❶ 李主任为什么没来上班? 🎤 _____

❷ 李主任儿子最近怎么了? 🎤 _____

❸ 现在的孩子学习压力大吗? 🎤 _____

Track09

1 녹음을 듣고 빈칸을 채운 후, 읽어 보세요.

减肥

　　我今年二十二岁，❶＿＿＿＿＿＿＿＿＿＿模特儿那样的身材。无论是杂志上的还是网上的减肥方法，❷＿＿＿＿＿＿＿＿。

　　先是水果餐，就是一天不吃饭❸＿＿＿＿＿＿的方法。吃了几天，❹＿＿＿＿＿＿＿＿＿。后来我又试过❺＿＿＿＿＿＿运动减肥方法，每天运动太累了，❻＿＿＿＿＿＿多长时间。听朋友说吃减肥药比较方便，中药、西药也都试过了。结果都是❼＿＿＿＿＿＿＿以后，❽＿＿＿＿＿＿＿＿＿，鬼不像鬼，所以只能又试别的方法了。

　　这样❾＿＿＿＿＿＿，不但没怎么瘦，❿＿＿＿＿＿＿。为了减肥，我现在⓫＿＿＿＿＿＿吸脂手术了。真希望以胖为美的时代能快点儿到来。

2 제시된 단어를 이용하여 다음 문장을 중국어로 써 보세요.

❶ 잡지나 인터넷에서의 다이어트 방법은 다 관계없이, 나는 모두 시도해 봤습니다. (无论)

➡ _____

❷ 매일 운동하는 것은 너무 힘들어서 얼마 버티지 못했습니다. (坚持)

➡ _____

❸ 결과는 모두 며칠 동안 설사한 후, 사람 같지도 않고, 귀신 같지도 않은 몰골이 됐습니다.
(弄)

➡ _____

❹ 이렇게 계속 살을 빼다 보니, 살은 별로 빠지지 않았을 뿐만 아니라, 위장병을 얻었습니다.
(…来…去)

➡ _____

❺ 뚱뚱함을 아름다움으로 여기는 시대가 빨리 올 수 있기를 정말 바랍니다. (以…为…)

➡ _____

3 다음 질문에 자유롭게 중국어로 말해 보세요.

❶ 你减过肥吗? 试过什么方法?

🎙 _____

❷ 你觉得什么样的减肥方法比较好?

🎙 _____

1 다음 문장을 바르게 고쳐 보세요.

❶ 无论你不忙，都要来一趟。

➡ _____

❷ 他把我的手机坏弄了。

➡ _____

❸ 孩子，爸爸以为你傲。

➡ _____

❹ 她这种态度，我真的受不。

➡ _____

2 밑줄 친 부분을 어순에 맞게 배열하여 완전한 문장을 만드세요.

❶ 我真高兴，<u>这么 / 没想到 / 快 / 进步 / 他 / 得</u>

➡ _____

❷ 这里都是有钱人，<u>着 / 都 / 好车 / 到处 / 停</u>

➡ _____

❸ 我还记得小时候，<u>当 / 我 / 一个 / 歌手 / 梦想</u>

➡ _____

❹ 别人都到了，<u>他 / 还 / 来 / 就差 / 没</u>

➡ _____

▶ 다음 글을 중국어로 써 보세요.

주말에 나는 친구들과 등산을 갈 계획이다. 사실 주말이 되면, 나도 쉬고 싶고, 외출하고 싶지 않다. 그러나 듣자 하니 등산을 하면 신체 단련도 되고, 다이어트도 할 수 있다고 한다 (既…又…). 그래서 나도 한번 시도해 보고 싶다. 그런데 나는 혼자 가기는 싫어서, 친구들을 부추겨(鼓动) 같이 간다.

참고 단어   出门 chū mén 통 외출하다 │ 一个人 yí ge rén 혼자

48

96

144

海外生活
해외 생활

맛있는 단어

1 다음 빈칸을 알맞게 채우세요.

중국어	뜻	중국어	뜻
❶	해외	喝闷酒	❻
每逢佳节倍思亲	❷	聚	❼
中秋节	❸	❽	모자라다, 부족하다
❹	~하든지	❾	기억하지 못하다
❺	답답한 마음을 풀다	谈恋爱	❿

2 다음 보기에서 알맞은 표현을 골라 써 보세요.

보기　缺　聚　解闷儿　要么

❶ 我周末在家_____睡觉，_____玩儿手机。

❷ 周五下班以后，咱们_____一_____吧。

❸ 大家都来了，就_____小王一个人了。

❹ 最近心情郁闷，做点儿什么才能_____呢？

3 문장을 듣고 받아쓰기하세요.

Track10

❶ _____

❷ _____

❸ _____

❹ _____

Track11

1 녹음을 듣고 빈칸을 채운 후, 말해 보세요.

阿美 ❶ _____, 你怎么
一个人喝闷酒啊?

东民 ❷ _____, 喝酒解闷儿。

阿美 怎么了? 想家了吗?

东民 是啊。以前中秋节我要么❸_____, 要么跟朋友
一起过。今年❹_____。

阿美 "每逢佳节倍思亲", 我很❺_____。
你给家里打电话了吗?

东民 打了。妈妈说家里人都❻_____了, 就❼_____,
我听了心里更难受。

阿美 ❽_____。你在中国也有很多朋友, 大家❾_____。
你不要❿_____, 我⓫_____, 大家一起
聚聚吧。

2 위의 회화를 보고 다음 질문에 중국어로 대답해 보세요.

❶ 今天是什么节日？ 🎤 _____

❷ 东民为什么一个人喝闷酒？ 🎤 _____

❸ 东民为什么心里更难受了？ 🎤 _____

Track12

1 녹음을 듣고 빈칸을 채운 후, 읽어 보세요.

文化差异

我是一个 ❶＿＿＿＿＿＿＿的职员，我们公司在全世界五十多个

国家 ❷＿＿＿＿＿＿＿。每年十月份我们公司都有人事调动，

❸＿＿＿＿＿＿职员被派到别的国家，在那里 ❹＿＿＿＿＿＿＿

＿＿＿＿＿。

　　❺＿＿＿＿＿＿，前几年我刚工作的时候，我们公司 ❻＿＿＿

＿＿＿＿印度新德里。到了新德里机场，一个 ❼＿＿＿＿＿＿来接

我。因为我是个左撇子，我就 ❽＿＿＿＿我的左手，想 ❾＿＿＿＿＿。

可是谁知道他脸色突然变了，❿＿＿＿＿＿＿跟我握了握手。

　　过了几天，他请我到他家吃饭的时候，看到我用左手吃饭，他们

全家人都 ⓫＿＿＿＿＿＿＿。后来我才知道印度人除了上洗手

间以外，是 ⓬＿＿＿＿＿＿＿的。怪不得他们表情那么奇怪！

2 제시된 단어를 이용하여 다음 문장을 중국어로 써 보세요.

❶ 거의 천 명의 직원이 다른 나라로 파견됩니다. (几乎, 派)

➡ _____

❷ 나로 말하자면, 몇 년 전 내가 막 입사했을 때, 우리 회사는 나를 인도로 파견을 보냈습니다. (拿…来说, 把)

➡ _____

❸ 공항에 도착하자, 현지 직원 한 명이 나를 마중 나왔습니다. (接)

➡ _____

❹ 그는 얼굴색이 갑자기 변하면서 매우 마지못해 나와 악수했습니다. (勉强)

➡ _____

❺ 어쩐지 그들 표정이 그렇게 이상하더라고요! (怪不得)

➡ _____

3 다음 질문에 자유롭게 중국어로 말해 보세요.

❶ 你去过哪些国家? 最喜欢哪里?

🎙 _____

❷ 你体验过什么文化差异?

🎙 _____

1 다음 문장을 바르게 고쳐 보세요.

❶ 几乎他从来不迟到。

➡ _____

❷ 我今天肚子疼，勉强没吃一点儿饭。

➡ _____

❸ 原来这么冷，怪不得昨天下雪了。

➡ _____

❹ 我们在家吃，要么出去吃。

➡ _____

2 밑줄 친 부분을 어순에 맞게 배열하여 완전한 문장을 만드세요.

❶ 这次会议非常重要，<u>谁 / 不行 / 缺 / 都</u>

➡ _____

❷ 寂寞的话，<u>音乐 / 就 / 听听 / 解闷儿</u>

➡ _____

❸ 我请了他好几次，<u>同意 / 才 / 来 / 勉强 / 他</u>

➡ _____

❹ 他喝醉了，<u>叫 / 怎么 / 也不醒 / 怪不得 / 他</u>

➡ _____

▶ 다음 글을 중국어로 써 보세요.

> 오늘은 샤오왕(小王)의 생일이다. 우리는 그녀의 생일을 축하하기(庆祝) 위해 그녀에게 선물을 사 주고, 또 그녀를 끌고(拉着) 중국요리를 먹으러 갔다. 그런데 어찌 된 일인지(不知怎么搞的) 밥 먹을 때 샤오왕은 끊임없이(没完没了) 울었다(个). 우리는 모두 어떻게 해야 할지 몰랐다.

참고 단어   庆祝 qìngzhù 통 경축하다, 축하하다

48

96

144

中国的节日
중국의 명절

맛있는 단어

1 다음 빈칸을 알맞게 채우세요.

중국어	뜻	중국어	뜻
黄金周	❶	❻	(예정된 시간이나 위치를) 앞당기다
❷	햇볕을 쬐다, 햇빛에 말리다	预约	❼
❸	검다, 까맣다	❽	~할 만한 가치가 있다
❹	하이난도, 해남도	景色	❾
旺季	❺	人山人海	❿

2 다음 보기에서 알맞은 표현을 골라 써 보세요.

> 보기 旺季   预约   晒   提前

❶ 天气很好，把衣服拿到外边_____一下吧。

❷ 现在是旅游_____，机票和酒店都很贵。

❸ 春节的时候，我一般_____十天买火车票。

❹ 你好，我想_____一下晚上八点、两个人的座位。

3 문장을 듣고 받아쓰기하세요.

Track13

❶ _____

❷ _____

❸ _____

❹ _____

Track14

1 녹음을 듣고 빈칸을 채운 후, 말해 보세요.

冰冰 你脸❶＿＿＿＿＿＿，国庆节

去哪儿玩儿了？

小林 ❷＿＿＿＿＿＿一起去了海南岛。

冰冰 国庆是❸＿＿＿＿＿，价格一定

很贵吧？

小林 比平时贵一倍，而且还得❹＿＿＿＿＿＿＿＿。

不过❺＿＿＿＿＿一起出去，我觉得值得。

冰冰 海南岛景色美不美？

小林 ❻＿＿＿＿。碧海蓝天，❼＿＿＿＿"世外桃源"。

你呢？国庆节过得怎么样？

冰冰 我想，❽＿＿＿＿＿都是人山人海，所以就在家里休息了。

2 위의 회화를 보고 다음 질문에 중국어로 대답해 보세요.

❶ 小林国庆节去哪儿玩儿了？ 🎤 ＿＿＿＿＿＿＿＿＿

❷ 国庆节旅游为什么很贵？ 🎤 ＿＿＿＿＿＿＿＿＿

❸ 海南岛景色怎么样？ 🎤 ＿＿＿＿＿＿＿＿＿

Track15

1 녹음을 듣고 빈칸을 채운 후, 읽어 보세요.

五一小长假

今年五一小长假我❶＿＿＿＿＿＿＿＿＿，与其在家里呆着，不如出去旅游。所以❷＿＿＿＿＿＿＿＿比平常贵一倍的❸＿＿＿＿＿＿，高高兴兴地开始了我们的❹＿＿＿＿＿＿＿＿。

❺＿＿＿＿＿＿＿＿，我的天啊！知道中国人多，可没想到这么多，大家说着❻＿＿＿＿＿＿＿＿。唉！真不知道是来看风景还是来看人的。没办法，❼＿＿＿＿＿＿＿＿＿＿，当然得到处看看，不然❽＿＿＿＿＿＿＿＿＿＿＿。可是挤来挤去把我们❾＿＿＿＿＿＿＿＿。

到了吃午饭的时间，我们终于可以休息一下了。但是我们吃饭的时候，旁边一直有人❿＿＿＿＿＿＿＿＿＿＿，还一直看着我们吃。没办法，我们只好快点儿吃完离开了。唉！以后放假的话，我再也不想⓫＿＿＿＿＿＿＿了，还是在家好。

2 제시된 단어를 이용하여 다음 문장을 중국어로 써 보세요.

❶ 집에 있느니 차라리 여행하러 나가는 게 낫습니다. (与其…不如…)

➡ _____

❷ 풍경을 보러 온 건지, 아니면 사람을 보러 온 건지 정말 모르겠습니다. (还是)

➡ _____

❸ 이왕 이미 왔으니, 당연히 여기저기 구경 좀 해야 합니다. 그렇지 않으면 비행기표를 낭비하게 됩니다. (既然, 不然)

➡ _____

❹ 우리는 마침내 좀 쉴 수 있었습니다. (终于)

➡ _____

❺ 나는 다시는 함께 모여 떠들썩하게 놀고 싶지 않습니다. (凑热闹)

➡ _____

3 다음 질문에 자유롭게 중국어로 말해 보세요.

❶ 你觉得旅游旺季花很多钱旅游值得吗?

🎤 _____

❷ 像三天这样的小长假，你一般做什么?

🎤 _____

1 다음 문장을 바르게 고쳐 보세요.

❶ 我们见面难得，当然要多聊一会儿。

➡ _____

❷ 与其等他说，没有你问他。

➡ _____

❸ 这次考试你得好好考，不能毕业不然。

➡ _____

❹ 我的论文终于没通过。

➡ _____

2 밑줄 친 부분을 어순에 맞게 배열하여 완전한 문장을 만드세요.

❶ 这儿的东西不便宜，倍 / 比 / 贵 / 一 / 网上

➡ _____

❷ 如果你想取消，两周 / 我们 / 提前 / 请 / 告诉

➡ _____

❸ 这次一起去吧，的话 / 机会 / 了 / 不然 / 没有

➡ _____

❹ 恭喜你，终于 / 梦想 / 实现了 / 自己的

➡ _____

쓰기

▶ 다음 글을 중국어로 써 보세요.

> 다음 주 노동절이 곧 다가온다(就要…了). 선생님의 말씀을 들어 보니, 시안(西安)의 병마용이 가 볼 만하다(值得)고 한다. 그래서 나는 이번 노동절 연휴를 이용해(趁) 학교 친구들과 같이 시안으로 여행을 가기로 결정했다. 다음 주에 여행 갈 생각을 하자마자 나는 매우 설렌다(一…就…).

참고 단어 兵马俑 Bīngmǎyǒng 병마용 ┃ 激动 jīdòng ⑱ 설레다

48

96

144

职场生活
직장 생활

맛있는 단어

1 다음 빈칸을 알맞게 채우세요.

중국어	뜻	중국어	뜻
❶	직장, 일터	❻	경기가 좋다[경제 상황], 경기
招聘会	❷	❼	학력
❸	잇다, 연결하다	凭	❽
巴不得	❹	❾	안목, 식견
❺	경제	❿	도리, 일리, 이치

2 다음 보기 에서 알맞은 표현을 골라 써 보세요.

> 보기   迟   巴不得   眼光   不甘心

❶ 你别急，休息一会儿再做也不_____。

❷ 这次考试我准备得很认真，可是没及格，我真_____。

❸ 我不想工作，_____早点儿下班回家。

❹ 他_____很高，从来不穿这么便宜的衣服。

3 문장을 듣고 받아쓰기하세요.

Track16

❶ _____

❷ _____

❸ _____

❹ _____

맛있는 회화

Track17

1 녹음을 듣고 빈칸을 채운 후, 말해 보세요.

东民 这么热的天，你急急忙忙从哪儿回来啊？

朋友 我❶_____一个招聘会，
休息休息，下午还有一个。

东民 你最近❷_____招聘会，一个
❸_____，简直像参加比赛。

朋友 我也巴不得不参加，可是最近❹_____，工作不好找啊。
今天我往一些大公司❺_____，不过我觉得❻_____
没什么希望。

东民 你❼_____了，为什么不试试一些小公司呢？

朋友 我觉得❽_____十几年，换来的只是这样的结果，
有点儿不甘心。

东民 你❾_____，先❿_____，再慢慢儿找
更好的⓫_____。

朋友 你说的也有道理，我下午投一些小公司看看。

2 위의 회화를 보고 다음 질문에 중국어로 대답해 보세요.

❶ 朋友刚才干什么了？　🎤 _____

❷ 为什么最近工作不好找？　🎤 _____

❸ 东民劝朋友怎么做？　🎤 _____

6과 职场生活 **33**

1 녹음을 듣고 빈칸을 채운 후, 읽어 보세요.

职场新人的烦恼

　　我去年夏天毕业于❶＿＿＿＿＿＿＿＿＿＿＿。我上大学的时候

❷＿＿＿＿＿＿＿都很优秀，所以我找工作的时候，很容易就找到

了。我的这份工作是❸＿＿＿＿＿＿＿＿＿最好的，大家都很羡慕

我，可是他们不知道❹＿＿＿＿＿＿＿＿＿＿。

　　我们公司在国内确实是一家❺＿＿＿＿＿＿＿的大企业，而且

工资也不低。但是，我的上司们都是老油条，不但把他们的工作

❻＿＿＿＿＿＿＿＿＿＿＿，而且把我的功劳❼＿＿＿＿＿他们自己的。

更让我生气的是我帮他们写报告的时候，他们❽＿＿＿＿＿＿＿电脑

游戏、上网。

　　我本来想把这些情况❾＿＿＿＿＿＿＿＿＿＿，可是我很担心领

导以为我的❿＿＿＿＿＿＿＿＿，所以一直⓫＿＿＿＿＿＿＿。

我该怎么办呢?

2 제시된 단어를 이용하여 다음 문장을 중국어로 써 보세요.

❶ 나는 작년 여름에 명문 대학을 졸업했습니다. (于)

➡ _____

❷ 나는 대학에 다닐 때 각 방면에서 모두 우수했습니다. (方面, 优秀)

➡ _____

❸ 우리 회사는 국내에서 확실히 손꼽히는 대기업입니다. (确实)

➡ _____

❹ 나는 원래 이러한 상황들을 부서장에게 알리고 싶었습니다. (本来)

➡ _____

❺ 그러나 나는 부서장님이 나의 인간관계가 좋지 않다고 생각할까 봐 걱정됩니다. (以为)

➡ _____

3 다음 질문에 자유롭게 중국어로 말해 보세요.

❶ 在韩国大学毕业找工作容易吗?

🎤 _____

❷ 你想找什么样的工作?

🎤 _____

1 다음 문장을 바르게 고쳐 보세요.

❶ 从明天起来，我决定每天早起三十分钟。

➡ _____

❷ 北京位在中国的北方。

➡ _____

❸ 这本书很好确实，可是很多人没读过。

➡ _____

❹ 你的作业还没做完，原来就不能出去玩。

➡ _____

2 밑줄 친 부분을 어순에 맞게 배열하여 완전한 문장을 만드세요.

❶ 明天不用我去了？太好了！<u>休息 / 巴不得 / 呢 / 在家 / 我</u>

➡ _____

❷ 先让他睡吧，<u>告诉 / 不迟 / 明天 / 他 / 再 / 也</u>

➡ _____

❸ 你怎么这样！<u>工作 / 我身上 / 都 / 把 / 推到 / 为什么</u>

➡ _____

❹ 她肯定会哭的，<u>我 / 不敢 / 那个 / 她 / 告诉 / 消息</u>

➡ _____

▶ 다음 글을 중국어로 써 보세요.

> 중국 선생님의 말씀을 들어 보니, 발 마사지(足疗)를 하면 건강에 도움이 된다(对…有好处)고 한다. 그래서 나도 한번 시도해 보았다. 할 때, 발이 조금 아팠지만, 느낌은 아주 개운했다(爽). 예전에 많은 중국인들이 발 마사지를 좋아한다고 들었는데, 나는 이제야 왜 그런지 알겠다. 발 마사지를 하면 정말 편안하다(舒服)!

참고 단어 脚 jiǎo 명 발

48

96

144

爱情与婚姻
사랑과 결혼

1 다음 빈칸을 알맞게 채우세요.

중국어	뜻	중국어	뜻
❶	애정, 사랑	❻	낭만적이다
婚姻	❷	包围	❼
❸	행복하다	❽	~로 간주하다
婆婆	❹	脚踏实地	❾
厨艺	❺	❿	진심으로 사랑하다

2 다음 보기 에서 알맞은 표현을 골라 써 보세요.

> 보기   幸福   脚踏实地   厨艺   当

❶ 听说你做菜不错，什么时候让我们看看你的＿＿＿＿＿＿？

❷ 爱情再浪漫也不能＿＿＿＿＿＿饭吃。

❸ 我认为做事应该认认真真、＿＿＿＿＿＿。

❹ 我希望大家都能有一个＿＿＿＿＿＿的生活。

3 문장을 듣고 받아쓰기하세요.

Track19

❶ ＿＿＿＿＿＿＿＿＿＿＿＿＿＿＿＿＿＿＿＿＿＿＿＿＿＿＿

❷ ＿＿＿＿＿＿＿＿＿＿＿＿＿＿＿＿＿＿＿＿＿＿＿＿＿＿＿

❸ ＿＿＿＿＿＿＿＿＿＿＿＿＿＿＿＿＿＿＿＿＿＿＿＿＿＿＿

❹ ＿＿＿＿＿＿＿＿＿＿＿＿＿＿＿＿＿＿＿＿＿＿＿＿＿＿＿

Track20

맛있는 회화

1 녹음을 듣고 빈칸을 채운 후, 말해 보세요.

小林　今晚又要做什么大餐？买这么多菜。

冰冰　哦，今天我婆婆来我家吃晚饭，

❶＿＿＿＿＿＿＿＿，让她看看我的

厨艺。

小林　结婚前，你们❷＿＿＿＿＿＿，我们都特别羡慕你。

可是现在的你却被❸＿＿＿＿＿＿包围了。

冰冰　谈恋爱的时候都很浪漫的，可是❹＿＿＿＿＿＿＿＿＿。

结了婚，过日子就得脚踏实地。

小林　唉，婚姻真是爱情的坟墓。❺＿＿＿＿＿＿＿＿＿。

冰冰　我觉得婚姻是爱情的结晶。

柴米油盐也有柴米油盐的幸福，和心爱的人❻＿＿＿＿＿＿＿

是世界上❼＿＿＿＿＿＿＿＿。

小林　哈哈，你现在真是个"❽＿＿＿＿＿＿＿"了。

2 위의 회화를 보고 다음 질문에 중국어로 대답해 보세요.

❶ 冰冰为什么买那么多菜？　🎤 ＿＿＿＿＿＿＿＿＿＿＿＿＿＿＿

❷ 冰冰认为过日子应该怎么样？　🎤 ＿＿＿＿＿＿＿＿＿＿＿＿＿＿＿

❸ 冰冰认为最幸福的事是什么？　🎤 ＿＿＿＿＿＿＿＿＿＿＿＿＿＿＿

Track21

1 녹음을 듣고 빈칸을 채운 후, 읽어 보세요.

应该感谢小偷

公司派我❶＿＿＿＿＿＿＿＿。刚到酒店，我就接到了老婆的电话："老公，不好了。今天我们家❷＿＿＿＿＿＿＿＿。"我跳了起来，问："丢东西了吗？你❸＿＿＿＿＿＿＿＿？"老婆说："家里乱七八糟的，衣柜里的一千块钱没了。警察下午来看过了，❹＿＿＿＿＿＿＿＿，幸亏那个小偷已经被抓住了，所以我们丢的东西❺＿＿＿＿＿＿＿＿。"

我❻＿＿＿＿＿＿＿＿，对老婆说："快去看看我们的结婚照，后面有一个信封。"老婆放下电话，去看了看，然后❼＿＿＿＿＿＿＿＿说："我看了，什么也没有。"❽＿＿＿＿＿＿＿＿："不可能！出差前我还看过。一共八千块钱，是去年公司发给我的奖金。你一定要把那些钱❾＿＿＿＿＿＿＿＿。"老婆突然笑着说："好的。不过我应该感谢那个小偷发现了你的小金库，等你回来我再❿＿＿＿＿＿＿＿。"

2 제시된 단어를 이용하여 다음 문장을 중국어로 써 보세요.

❶ 막 호텔에 도착해서, 나는 아내의 전화를 받았습니다. (刚)

➡ _____

❷ 그들 말에 따르면, 다행히 그 도둑은 이미 붙잡혔다고 합니다. 그래서 우리는 잃어버린
물건을 모두 찾아올 수 있습니다. (据, 幸亏)

➡ _____

❸ 빨리 가서 우리 결혼사진 좀 보세요. 뒷면에 편지 봉투가 하나 있습니다. (信封)

➡ _____

❹ 당신은 반드시 그 돈들을 경찰에게 분명히 말해야 합니다. (把, 清楚)

➡ _____

❺ 당신이 돌아온 후에 나는 당신과 다시 결판을 내야겠습니다. (跟…算账)

➡ _____

3 다음 질문에 자유롭게 중국어로 말해 보세요.

❶ 你因为什么事报过警?

🎤 _____

❷ 你觉得结婚后家里的钱应该谁来管?

🎤 _____

1 다음 문장을 바르게 고쳐 보세요.

❶ 幸亏手机不被人偷走。

➡ _____

❷ 据说警察，这件事还需要调查。

➡ _____

❸ 请把这句话翻译中文。

➡ _____

❹ 幸亏你帮我，我不知道该怎么办。

➡ _____

2 밑줄 친 부분을 어순에 맞게 배열하여 완전한 문장을 만드세요.

❶ 他们结婚后的生活，一样 / 谈恋爱 / 浪漫 / 跟 / 时

➡ _____

❷ 难得聚在一起，大家 / 你 / 给 / 吧 / 露一手

➡ _____

❸ 你听说了吗? 国外 / 被 / 工作 / 派到 / 两年 / 他

➡ _____

❹ 别着急，事情 / 你 / 跟我说 / 一下 / 把

➡ _____

▶ 다음 글을 중국어로 써 보세요.

오늘은 우리 어머니 생신이다. 나는 어머니께 작은 선물 하나를 드리고 싶다. 어머니는 책 읽는 것을 매우 좋아하신다. 그래서 오후에 나는 서점에 가서 책 한 권을 샀다. 나는 책을 잘 포장한(包) 후, 책가방 안에 넣었다(装). 어머니께서 나의 선물을 좋아하셨으면 좋겠다.

48

96

144

消费生活
소비 생활

맛있는 단어

1 다음 빈칸을 알맞게 채우세요.

중국어	뜻	중국어	뜻
❶	물품, 상품	打折	❻
❷	스타일, 모양, 종류	销售	❼
专卖店	❸	❽	수시로, 언제나
假	❹	❾	좁다
❺	완전히 똑같다, 같은 모양 같은 모습이다	居然	❿

2 다음 보기 에서 알맞은 표현을 골라 써 보세요.

보기	掉色	退货	捡	打折

❶ 每天晚上超市都_____，很便宜。

❷ 我新买的衣服洗了一次就_____了。

❸ 这件衣服太大，我穿不了，能_____吗?

❹ 把房间里的垃圾_____起来。

3 문장을 듣고 받아쓰기하세요.

Track22

❶ _____

❷ _____

❸ _____

❹ _____

Track23

1 녹음을 듣고 빈칸을 채운 후, 말해 보세요.

东民 快看，我❶_____耐克鞋，才300多块。

阿美 专卖店里卖一千多块呢，这鞋不会是假的吧？

东民 我❷_____，和专卖店里的❸_____。老板说他们是❹_____，所以便宜，如果有问题，❺_____。

阿美 那你可真是❻_____了。

(一个星期以后)

阿美 怎么没穿你的耐克鞋呢？

东民 别提了，昨天突然下大雨，那双鞋❼_____了。我去退货，谁知道那家店已经❽_____了！

阿美 真是❾_____，下次还是去专卖店买吧。

2 위의 회화를 보고 다음 질문에 중국어로 대답해 보세요.

❶ 东民新买的鞋多少钱？ 🎤 _____

❷ 下雨时那双鞋怎么样了？ 🎤 _____

❸ 东民去退货时，那家店怎么样了？🎤 _____

Track24

1 녹음을 듣고 빈칸을 채운 후, 읽어 보세요.

网购上当记

我从来不相信网上购物，觉得❶_____买东西都❷_____，何况网络这个虚拟世界呢？

可是有一天当我上网看新闻时，❸_____一个跳出的小广告，是一个购物网站。网站上的商品琳琅满目，看起来还不错。结果，这一进去❹_____。网站上正好有我想买的香奈尔香水，❺_____，我发现比百货商店里卖的便宜得多。我❻_____一瓶香奈尔香水。❼_____三天之内发货，可是谁知道一个星期过去了，也没见到商品，连卖家也❽_____。原来这个网站是假的。我的手里❾_____收据，真想❿_____。

2 제시된 단어를 이용하여 다음 문장을 중국어로 써 보세요.

❶ 직접 상점에 가서 물건을 사도 사기를 당할 수 있는데, 하물며 인터넷이라는 이 가상 세계는요? (亲自, 何况)

➡ _____

❷ 어느 날 나는 인터넷으로 신문을 보고 있을 때, 조심하지 않아서 튀어나온 작은 광고를 클릭했습니다. (当, 点击, 跳出)

➡ _____

❸ 비교를 통해, 나는 백화점에서 파는 것보다 훨씬 싸다는 것을 발견했습니다. (经过)

➡ _____

❹ 일주일이 지나도 상품은 보지도 못할 줄 누가 알았겠습니까. (谁知道)

➡ _____

❺ 알고 보니 이 사이트는 가짜였습니다. 정말 한바탕 울고 싶습니다. (原来, 场)

➡ _____

3 다음 질문에 자유롭게 중국어로 말해 보세요.

❶ 你买东西时上过当吗?

🎤 _____

❷ 你觉得网上购物怎么样?

🎤 _____

1 다음 문장을 바르게 고쳐 보세요.

❶ 这个太便宜了，只有才两块钱。

➡ _____

❷ 大人都搬不动，更何必孩子呢?

➡ _____

❸ 每当我开始工作时，他还在上高中呢。

➡ _____

❹ 聊天经过，我对他的了解更深了。

➡ _____

2 밑줄 친 부분을 어순에 맞게 배열하여 완전한 문장을 만드세요.

❶ 你也太不小心了，<u>手机 / 把 / 了 / 刚买的 / 居然 / 丢</u>

➡ _____

❷ 有了这辆车，<u>开车 / 你 / 随时 / 玩儿 / 可以 / 出去</u>

➡ _____

❸ 我第一次来老师家，<u>他 / 到地铁站 / 亲自 / 接我的</u>

➡ _____

❹ 请不要担心，<u>一周 / 一定 / 结果 / 之内 / 出来</u>

➡ _____

▶ 다음 글을 중국어로 써 보세요.

나는 햄버거 먹는 것을 매우 좋아해서, 일주일에 적어도(至少) 다섯 번은 먹는다. 햄버거를 먹으면 시간도 줄일 수 있고, 설거지를 할 필요도 없어서, 매우 편하다. 나는 이미 햄버거와 떨어질 수가 없게 되었다(离不开). 햄버거 냄새를 맡기만 하면 나는 바로 침이 흐른다.

참고 단어 汉堡包 hànbǎobāo 명 햄버거 | 洗碗 xǐ wǎn 설거지하다 | 流口水 liú kǒushuǐ 침이 흐르다

48

96

144

정답

1과 代沟
세대 차이

맛있는 단어

1 ❶ 세대 차(이) ❷ 皮包骨 ❸ 起码 ❹ 낡은 사고방식, 케케묵은 생각
❺ 再说 ❻ 在乎 ❼ 总 ❽ 合得来
❾ 사귀다, 왕래하다 ❿ 간섭하다, 관여하다

2 ❶ 他比我大十几岁，我们俩有代沟。 ❷ 你跟女朋友交往几个月了？
❸ 他们两个人很合得来，整天在一起玩儿。 ❹ 这件事我自己解决，你不要管。

3 ❶ 我还没来得及告诉您呢。 ❷ 你这样怎么行？
❸ 这次总该定下来了吧？ ❹ 你爱怎么样就怎么样吧。

맛있는 회화

1 ❶ 都瘦得皮包骨 ❷ 不是我说你 ❸ 起码换了 ❹ 真是老脑筋
❺ 才不在乎 ❻ 再说吧 ❼ 交往下去 ❽ 真是有代沟
❾ 管不了了 ❿ 就怎么样吧

2 ❶ 她都瘦得皮包骨了。
❷ 他今年起码换了三个女朋友了。
❸ 他觉得妈妈是个老脑筋。

맛있는 이야기

1 ❶ 我写这封信 ❷ 您为了养活 ❸ 一直嘲笑我 ❹ 真的闻到了
❺ 开始埋怨您了 ❻ 故意不听您的话 ❼ 真不懂事 ❽ 一直包容我
❾ 以为我睡着了 ❿ 我忍不住哭了 ⓫ 请您原谅

2 ❶ 我写这封信，是想告诉您，我多么感谢您。
❷ 反正从那时候起我心里就开始埋怨您了。
❸ 再也没去市场，而且故意不听您的话。
❹ 有一天晚上您以为我睡着了。
❺ 听到这句话，我忍不住哭了。

3 [참고 답안]
❶ 我小时候埋怨过父母，因为他们对我很严格。
❷ 我最感谢他们一直关心、照顾、鼓励我。

맛있는 어법

1 ❶ 他忍不住又抽烟了。
❷ 他的汉语很好，我以为他是中国人。
❸ 反正明天不用去学校，我想帮妈妈收拾房间。
❹ 听到这句话，我忍不住哭了。

2 ❶ 他很受女生欢迎，今年起码交了五个女朋友了。 또는
　　他很受女生欢迎，今年交了起码五个女朋友了。
　　❷ 她找男朋友的要求不高，只要合得来就行了。
　　❸ 妈妈不工作，爸爸一个人赚钱养活家人。
　　❹ 我常常做错事，但是父母一直都很包容我。

 쓰기

[참고 답안]

		我	从	这	个	星	期	开	始	学	英	语	了	，	每
隔	两	天	去	一	次	培	训	班	。	一	个	人	去	，	其
实	有	点	儿	害	怕	，	刚	好	我	的	朋	友	也	要	学
英	语	，	所	以	我	们	俩	决	定	一	起	去	。	我	们
不	但	在	培	训	班	学	习	，	而	且	还	去	图	书	馆
复	习	。	学	英	语	很	难	，	但	是	很	有	意	思	。

2과 中国人的文化习惯
중국인의 문화 습관

단어

1 ❶ 便饭　　❷ 취하다　　❸ 醒　　❹ (정도가) 심하다
　　❺ 고객, 거래처　　❻ 회의하다　　❼ 摆　　❽ 满
　　❾ 맛있는 음식을 배불리 먹다　　❿ 감히 ~하지 못하다

2 ❶ 教室里坐满了学生。　　❷ 我今天高兴得不得了。
　　❸ 他做的菜太难吃了，我一口也没吃。　　❹ 这件事我根本不知道，你问别人吧。

3 ❶ 你的脸色怎么这么难看？　　❷ 现在头疼得不得了。
　　❸ 桌子都摆满了。　　❹ 这下你大饱口福了吧？

회화

1 ❶ 喝醉了　　❷ 好不容易　　❸ 跟中国客户开会　　❹ 请我吃顿便饭
　　❺ 点了十几个菜　　❻ 就是这样　　❼ 根本没吃几口　　❽ 不停地
　　❾ 硬着头皮　　❿ 再也不敢

2 ❶ 他现在头疼得不得了。
　　❷ 他昨晚跟中国客户开完会一起吃饭喝酒了。
　　❸ 因为他不喝酒的话，中国客户就不高兴。

이야기

1 ❶ 这个词　　❷ 主人会一直说　　❸ 主人绝对不会说　　❹ 是没有礼貌的

⑤ 格外讲究　　　⑥ 情况糟糕　　　⑦ 仍然不着急　　　⑧ 会做得更仔细

⑨ 不会着急的　　　⑩ 讲究效率　　　⑪ 渐渐快起来

2　❶ 客人会觉得主人在赶他走。

　　❷ 吃饭的时候，中国人格外讲究"细嚼慢咽"。

　　❸ 要做的事情特别多的时候，中国人仍然不着急。

　　❹ 他们认为这样会做得更仔细、更好。

　　❺ 何必那么快呢?

3　[참고 답안]

　　❶ 我有一个中国朋友，我觉得他做事不慢，比我还快。

　　❷ 我觉得韩国人不管做什么都很"快"。

맛있는 어법

1　❶ 今天看的电影格外悲伤。

　　❷ 说了好几次，他却仍然不听话。 [또는] 说了好几次，他却还是不听话。

　　❸ 他睡了二十个小时才醒过来。

　　❹ 他只是个孩子，你何必生气呢?

2　❶ 这次面试非常重要，他这几天准备得格外认真。

　　❷ 请相信我，这件事绝对跟我没有关系。

　　❸ 他一见到老师，就紧张得不得了。

　　❹ 我没钱了，只好硬着头皮向朋友借钱。

맛있는 쓰기

[참고 답안]

		手	机	响	了	,	朋	友	给	我	发	了	个	短	信,
问	我	: "	这	个	周	末	有	空	吗	?	一	起	去	看	电
影	怎	么	样	? "	我	在	中	国	一	次	也	没	去	过	电
影	院	,	马	上	就	答	应	了	。	我	对	中	国	的	电
影	院	特	别	好	奇	,	希	望	周	末	快	点	儿	来	。

3과　健康生活
건강한 생활

맛있는 단어

1　❶ 도처, 곳곳　　　❷ 压力　　　❸ 주임, 팀장　　　❹ 정신과 의사

　　❺ 心理　　　❻ 고등학교　　　❼ 失眠　　　❽ 치료하다

　　❾ 어른, 어르신　　　❿ 아침 일찍 나가서 밤늦게 돌아오다

2　❶ 压力大的时候，你会怎么办呢?　　　❷ 奶奶的腿不好，需要去医院治疗。

❸ 房间怎么这么脏? 到处都是垃圾。　　❹ 我最近心情不好，总是失眠。

3 ❶ 她儿子才多大啊?　　❷ 吃不好，睡不好。
　 ❸ 情况这么严重啊!　　❹ 每天早出晚归的。

맛있는 회화

1 ❶ 又陪孩子　　❷ 刚上高中　　❸ 总是失眠　　❹ 不进行治疗
　 ❺ 越来越严重　　❻ 才会有压力　　❼ 学习压力也不小　　❽ 可不一样

2 ❶ 她陪儿子去看心理医生了。
　 ❷ 她儿子最近总是失眠，吃不好，睡不好，而且不想学习。
　 ❸ 现在的孩子学习压力不小。

맛있는 이야기

1 ❶ 梦想着能拥有　　❷ 我都试过了　　❸ 只吃水果　　❹ 实在是受不了
　 ❺ 跑步这样的　　❻ 也没能坚持　　❼ 拉了几天肚子　　❽ 弄得人不像人
　 ❾ 减来减去　　❿ 还得了胃病　　⓫ 就差没做

2 ❶ 无论是杂志上的还是网上的减肥方法，我都试过了。
　 ❷ 每天运动太累了，也没能坚持多长时间。
　 ❸ 结果都是拉了几天肚子以后，弄得人不像人，鬼不像鬼。
　 ❹ 这样减来减去，不但没怎么瘦，还得了胃病。
　 ❺ 真希望以胖为美的时代能快点儿到来。

3 [참고 답안]
　 ❶ 我减过肥，试过运动、少吃饭等方法。
　 ❷ 我觉得少吃、多运动比较好，还有最好不要熬夜。

맛있는 어법

1 ❶ 无论你忙不忙，都要来一趟。　　❷ 他把我的手机弄坏了。
　 ❸ 孩子，爸爸以你为傲。　　❹ 她这种态度，我真的受不了。

2 ❶ 我真高兴，没想到他进步得这么快。　　❷ 这里都是有钱人，到处都停着好车。
　 ❸ 我还记得小时候，我梦想当一个歌手。　　❹ 别人都到了，就差他还没来。

맛있는 쓰기

[참고 답안]

		周	末	我	打	算	跟	朋	友	们	去	爬	山	。	其
实	到	了	周	末	，	我	也	想	休	息	，	不	想	出	门。
可	是	听	说	爬	山	既	锻	炼	身	体	，	又	能	减	肥,
所	以	我	也	想	试	试	。	不	过	我	不	想	一	个	人
去	，	所	以	就	鼓	动	朋	友	们	一	起	去	。		

정답

 海外生活
해외 생활

맛있는 단어

1 ❶ 海外　❷ 명절 때만 되면 가족이 더 그립다　❸ 중추절, 추석　❹ 要么
❺ 解闷儿　❻ (답답해서) 혼자 술을 마시다　❼ 모이다　❽ 缺
❾ 记不住　❿ 연애하다

2 ❶ 我周末在家要么睡觉，要么玩儿手机。　❷ 周五下班以后，咱们聚一聚吧。
❸ 大家都来了，就缺小王一个人了。　❹ 最近心情郁闷，做点儿什么才能解闷儿呢？

3 ❶ 你怎么一个人喝闷酒啊？　❷ 怎么了？想家了吗？
❸ 每逢佳节倍思亲。　❹ 我听了心里更难受。

맛있는 회화

1 ❶ 今天是中秋节　❷ 我心里烦　❸ 跟家人一起过　❹ 只有我一个人
❺ 理解你的心情　❻ 聚在一起　❼ 缺我一个　❽ 别太难过了
❾ 都很关心你　❿ 一个人呆着　⓫ 叫上几个朋友

2 ❶ 今天是中秋节。
❷ 因为他想家了，心里烦，所以喝酒解闷儿。
❸ 因为妈妈说家里人都聚在一起了，就缺他一个。

맛있는 이야기

1 ❶ 跨国公司　❷ 设立了分公司　❸ 几乎一千名　❹ 体验不同的文化
❺ 就拿我来说　❻ 把我派到了　❼ 当地职员　❽ 伸出
❾ 跟他握手　❿ 很勉强地　⓫ 像看外星人似的　⓬ 绝对不用左手

2 ❶ 几乎一千名职员被派到别的国家。
❷ 就拿我来说，前几年我刚工作的时候，我们公司把我派到了印度。
❸ 到了机场，一个当地职员来接我。
❹ 他脸色突然变了，很勉强地跟我握了握手。
❺ 怪不得他们表情那么奇怪!

3 [참고 답안]
❶ 我去过中国、日本、法国等国家。我最喜欢法国，因为那里很美。
❷ 韩国人收到礼物的时候，一般马上打开看看；可是中国人一般不会马上看。

맛있는 어법

1 ❶ 他几乎从来不迟到。
❷ 我今天肚子疼，勉强吃了一点儿饭。
❸ 怪不得这么冷，原来昨天下雪了。
❹ 我们要么在家吃，要么出去吃。

2 ❶ 这次会议非常重要，缺谁都不行。 ❷ 寂寞的话，就听听音乐解闷儿。
　 ❸ 我请了他好几次，他才勉强同意来。 ❹ 他喝醉了，怪不得怎么叫他也不醒。

맛있는 쓰기

[참고 답안]

		今	天	是	小	王	的	生	日	。	我	们	为	了	庆
祝	她	的	生	日	，	给	她	买	了	礼	物	，	还	拉	着
她	去	吃	中	国	菜	了	。	可	是	不	知	怎	么	搞	的,
吃	饭	的	时	候	，	小	王	哭	个	没	完	没	了	。	我
们	都	不	知	道	该	怎	么	办	。						

5과 中国的节日
중국의 명절

맛있는 단어

1 ❶ 황금연휴　　❷ 晒　　　　❸ 黑　　　　❹ 海南岛
　 ❺ 성수기　　　❻ 提前　　　❼ 예약하다　❽ 值得
　 ❾ 풍경, 경치　❿ 인산인해

2 ❶ 天气很好，把衣服拿到外边晒一下吧。
　 ❷ 现在是旅游旺季，机票和酒店都很贵。
　 ❸ 春节的时候，我一般提前十天买火车票。
　 ❹ 你好，我想预约一下晚上八点、两个人的座位。

3 ❶ 国庆节去哪儿玩儿了？ ❷ 比平时贵一倍。
　 ❸ 我觉得值得。 ❹ 海南岛景色美不美？

맛있는 회화

1 ❶ 晒得这么黑　❷ 我们全家人　❸ 旅游旺季　　❹ 提前一个月预约
　 ❺ 难得和家人　❻ 美极了　　　❼ 简直像个　　❽ 反正去哪儿

2 ❶ 他国庆节跟家人去海南岛玩儿了。
　 ❷ 因为国庆节是旅游旺季。
　 ❸ 海南岛景色美极了，碧海蓝天，简直像个 "世外桃源"。

맛있는 이야기

1 ❶ 跟家人商量　❷ 我们报了　　❸ 旅行团　　　❹ 假期旅行
　 ❺ 一到目的地　❻ 各地的方言　❼ 既然已经来了　❽ 浪费了飞机票
　 ❾ 累得要死　　❿ 等着我们的位子　⓫ 凑什么热闹

정답

2 ❶ 与其在家里呆着，不如出去旅游。
  ❷ 真不知道是来看风景还是来看人的。
  ❸ 既然已经来了，当然得到处看看，不然浪费了飞机票。
  ❹ 我们终于可以休息一下了。
  ❺ 我再也不想凑什么热闹了。

3 [참고 답안]
  ❶ 我觉得只要跟家人、朋友玩儿得开心，花再多钱也值得。
  ❷ 小长假，我有时候会在家休息，不出门；有时候会跟朋友去离家不远的地方玩儿。

맛있는 어법

1 ❶ 我们难得见面，当然要多聊一会儿。   ❷ 与其等他说，不如你问他。
  ❸ 这次考试你得好好考，不然不能毕业。   ❹ 我的论文终于通过了。

2 ❶ 这儿的东西不便宜，比网上贵一倍。
  ❷ 如果你想取消，请提前两周告诉我们。
  ❸ 这次一起去吧，不然的话没有机会了。
  ❹ 恭喜你，终于实现了自己的梦想。 또는 恭喜你，自己的梦想终于实现了。

맛있는 쓰기

[참고 답안]

		下	个	星	期	劳	动	节	就	要	到	了	。	听	老
师	说	，	西	安	的	兵	马	俑	值	得	去	看	看	，	所
以	我	决	定	趁	这	次	劳	动	节	跟	同	学	们	一	起
去	西	安	旅	游	。	一	想	到	下	个	星	期	去	旅	游,
我	就	特	别	激	动	。									

6과 职场生活
직장 생활

맛있는 단어

1 ❶ 职场   ❷ 채용 박람회   ❸ 接   ❹ 간절히 원하다, 몹시 바라다
  ❺ 经济   ❻ 景气   ❼ 学历   ❽ ~에 의거하여, ~에 따라
  ❾ 眼光   ❿ 道理

2 ❶ 你别急，休息一会儿再做也不迟。
  ❷ 这次考试我准备得很认真，可是没及格，我真不甘心。
  ❸ 我不想工作，巴不得早点儿下班回家。
  ❹ 他眼光很高，从来不穿这么便宜的衣服。

3 ❶ 你急急忙忙从哪儿回来啊？　　　　❷ 简直像参加比赛。
　　❸ 我也巴不得不参加。　　　　　　　❹ 你说的也有道理。

맛있는 **회화**

1 ❶ 刚参加完　　❷ 不停地参加　　❸ 接着一个　　❹ 经济不景气
　　❺ 投了简历　　❻ 凭我的学历　　❼ 眼光太高　　❽ 从小学到大学
　　❾ 不要太心急　　❿ 从小公司做起　　⓫ 机会也不迟

2 ❶ 朋友刚才参加了一个招聘会。
　　❷ 因为最近经济不景气。
　　❸ 东民劝朋友不要太心急，先从小公司做起，再慢慢儿找更好的机会。

맛있는 **이야기**

1 ❶ 一所名牌大学　　❷ 在各方面　　❸ 所有同学当中　　❹ 我其实很郁闷
　　❺ 屈指可数　　❻ 都推到我身上　　❼ 都算做　　❽ 却在玩儿
　　❾ 告诉部门领导　　❿ 人际关系不好　　⓫ 不敢说出来

2 ❶ 我去年夏天毕业于一所名牌大学。
　　❷ 我上大学的时候在各方面都很优秀。
　　❸ 我们公司在国内确实是一家屈指可数的大企业。
　　❹ 我本来想把这些情况告诉部门领导。
　　❺ 可是我很担心领导以为我的人际关系不好。

3 [참고 답안]
　　❶ 在韩国大学毕业找工作不容易，因为同样一份工作，硕士生、博士生来也应聘，竞争很激烈。
　　❷ 我想找一份轻松、稳定、工资不低的工作。

맛있는 **어법**

1 ❶ 从明天起，我决定每天早起三十分钟。　　❷ 北京位于中国的北方。
　　❸ 这本书确实很好，可是很多人没读过。　　❹ 你的作业还没做完，本来就不能出去玩。

2 ❶ 明天不用我去了？ 太好了！ 我巴不得在家休息呢。
　　❷ 先让他睡吧，明天再告诉他也不迟。
　　❸ 你怎么这样！ 为什么把工作都推到我身上？
　　❹ 她肯定会哭的，我不敢告诉她那个消息。

맛있는 **쓰기**

[참고 답안]

		听	中	国	老	师	说	，	做	足	疗	对	健	康	有
好	处	，	所	以	我	也	试	了	一	次	。	做	的	时	候，
脚	有	点	儿	疼	，	可	是	感	觉	很	爽	。	以	前	听
说	很	多	中	国	人	都	喜	欢	做	足	疗	，	我	现	在
才	知	道	为	什	么	。	做	足	疗	真	舒	服	！		

7과 爱情与婚姻
사랑과 결혼

맛있는 단어

1 ❶ 爱情 ❷ 혼인, 결혼 ❸ 幸福 ❹ 시어머니
  ❺ 요리 솜씨 ❻ 浪漫 ❼ 둘러싸다 ❽ 当
  ❾ 일하는 것이 착실하다 ❿ 心爱

2 ❶ 听说你做菜不错，什么时候让我们看看你的厨艺？
  ❷ 爱情再浪漫也不能当饭吃。
  ❸ 我认为做事应该认认真真、脚踏实地。
  ❹ 我希望大家都能有一个幸福的生活。

3 ❶ 今晚又要做什么大餐？ ❷ 我们都特别羡慕你。
  ❸ 过日子就得脚踏实地。 ❹ 我觉得婚姻是爱情的结晶。

맛있는 회화

1 ❶ 我得露一手 ❷ 多浪漫啊 ❸ 柴米油盐 ❹ 浪漫不能当饭吃
  ❺ 还是不结婚好 ❻ 在一起生活 ❼ 最幸福的事 ❽ 贤妻良母

2 ❶ 因为今天她婆婆要去她家吃晚饭，她想露一手，让婆婆看看她的厨艺。
  ❷ 她认为过日子应该脚踏实地。
  ❸ 她认为和心爱的人在一起生活是最幸福的事。

맛있는 이야기

1 ❶ 去上海出差 ❷ 被小偷偷了 ❸ 报警了没有 ❹ 据他们说
  ❺ 都能找回来 ❻ 松了一口气 ❼ 拿起电话 ❽ 这下我急了
  ❾ 跟警察说清楚 ❿ 跟你算账

2 ❶ 刚到酒店，我就接到了老婆的电话。
  ❷ 据他们说，幸亏那个小偷已经被抓住了，所以我们丢的东西都能找回来。
  ❸ 快去看看我们的结婚照，后面有一个信封。
  ❹ 你一定要把那些钱跟警察说清楚。
  ❺ 等你回来我再跟你算账。

3 [참고 답안]
  ❶ 一次我在路上看到一个大人打孩子，我就报警了。
  ❷ 我觉得不管是结婚前还是结婚后，都应该自己管自己的钱。

맛있는 어법

1 ❶ 幸亏手机没被人偷走。 ❷ 据警察说，这件事还需要调查。
  ❸ 请把这句话翻译成中文。 ❹ 幸亏你帮我，否则我不知道该怎么办。

2 ❶ 他们结婚后的生活，跟谈恋爱时一样浪漫。
　 ❷ 难得聚在一起，你给大家露一手吧。
　 ❸ 你听说了吗？他被派到国外工作两年。
　 ❹ 别着急，你把事情跟我说一下。

맛있는 쓰기

[참고 답안]

		今	天	是	我	妈	妈	的	生	日	，	我	想	送	给
妈	妈	一	个	小	礼	物	。	妈	妈	很	喜	欢	看	书	，
所	以	下	午	我	去	书	店	买	了	一	本	书	。	我	把
书	包	好	后	，	装	进	了	书	包	里	。	希	望	妈	妈
喜	欢	我	的	礼	物	。									

8과 消费生活
소비 생활

맛있는 단어

1 ❶ 货　　　　❷ 款　　　　❸ 전문 매장　　　❹ 거짓의, 가짜의
　 ❺ 一模一样　❻ 할인하다　❼ 판매하다　　❽ 随时
　 ❾ 捡　　　　❿ 뜻밖에, 의외로

2 ❶ 每天晚上超市都打折，很便宜。　　❷ 我新买的衣服洗了一次就掉色了。
　 ❸ 这件衣服太大，我穿不了，能退货吗？　❹ 把房间里的垃圾捡起来。

3 ❶ 这鞋不会是假的吧？　　　　❷ 和专卖店里的一模一样。
　 ❸ 那你可真是捡到大便宜了。　❹ 那双鞋居然掉色了。

맛있는 회화

1 ❶ 新买的这款　❷ 仔细看过　❸ 一模一样　❹ 打折销售
　 ❺ 随时可以退换　❻ 捡到大便宜　❼ 居然掉色　❽ 变成饭馆儿
　 ❾ 便宜没好货

2 ❶ 他新买的鞋才300多块。
　 ❷ 下雨时那双鞋掉色了。
　 ❸ 他去退货时，那家店已经变成饭馆儿了。

맛있는 이야기

1 ❶ 亲自去商场　❷ 有可能上当　❸ 不小心点击了　❹ 就出不来了
　 ❺ 经过比较　　❻ 立刻就买了　❼ 卖家承诺　　❽ 联系不上了
　 ❾ 只剩下一张　❿ 大哭一场

2 ❶ 亲自去商场买东西都有可能上当，何况网络这个虚拟世界呢？

❷ 有一天当我上网看新闻时，不小心点击了一个跳出的小广告。

❸ 经过比较，我发现比百货商店里卖的便宜得多。

❹ 谁知道一个星期过去了，也没见到商品。

❺ 原来这个网站是假的，真想大哭一场。。

3 [참고 답안]

❶ 有一次，我在市场买了五斤水果，回家时发现根本不到五斤。

❷ 我觉得网上购物很方便，但有时候会买到一些不合适或者没用的东西。

맛있는 어법

1 ❶ 这个太便宜了，才两块钱。[또는] 这个太便宜了，只有两块钱。

❷ 大人都搬不动，更何况孩子呢？

❸ 当我开始工作时，他还在上高中呢。

❹ 经过聊天，我对他的了解更深了。

2 ❶ 你也太不小心了，居然把刚买的手机丢了。

❷ 有了这辆车，你可以随时开车出去玩儿。

❸ 我第一次来老师家，他亲自到地铁站接我的。

❹ 请不要担心，结果一周之内一定出来。[또는] 请不要担心，一周之内结果一定出来。

맛있는 쓰기

[참고 답안]

		我	很	喜	欢	吃	汉	堡	包	，	一	个	星	期	至
少	吃	五	次	。	吃	汉	堡	包	，	既	省	时	间	，	也
不	用	洗	碗	，	很	方	便	。	我	已	经	离	不	开	汉
堡	包	了	，	一	闻	到	汉	堡	包	的	味	道	，	我	就
流	口	水	。												

100만 독자의 선택
중국어 회화 시리즈 베스트셀러

최신 개정 **맛있는** 중국어 **회화** 워크북

MP3 파일 무료 다운로드 ⬇

맛있는북스 ▾ 🔍

14720

외국어 전문 출판 브랜드
맛있는 books
www.booksJRC.com

9 791161 480589
ISBN 979-11-6148-058-9
ISBN 979-11-6148-051-0(세트)

027

你脸晒得这么黑。

Nǐ liǎn shài de zhème hēi.

당신 얼굴이 이렇게 까맣게 탔네요.

041

我得露一手，让她看看我的厨艺。

Wǒ děi lòu yìshǒu, ràng tā kànkan wǒ de chúyì.

나는 실력을 발휘해서
내 요리 솜씨를 그녀에게 보여 줘야 돼요.

029

反正去哪儿都是人山人海。

Fǎnzhèng qù nǎr dōu shì rénshān rénhǎi.

어쨌든 어디를 가도 모두 인산인해예요.

043

你报警了没有?

Nǐ bào jǐng le méiyǒu?

당신은 경찰에 신고했어요?

031

不然浪费了飞机票。

Bùrán làngfèile fēijīpiào.

그렇지 않으면 비행기표를 낭비하게 돼요.

045

我们丢的东西都能找回来。

Wǒmen diū de dōngxi dōu néng zhǎo huílai.

우리는 잃어버린 물건을 모두 찾아올 수 있어요.

033

我们终于可以休息一下了。

Wǒmen zhōngyú kěyǐ xiūxi yíxià le.

우리는 마침내 좀 쉴 수 있었어요.

047

你一定要把那些钱跟警察说清楚。

Nǐ yídìng yào bǎ nàxiē qián gēn jǐngchá shuō qīngchu.

당신은 반드시 그 돈들을
경찰에게 분명히 말해야 해요.

035

凭我的学历没什么希望。

Píng wǒ de xuélì méi shénme xīwàng.

내 학력으로는 별 희망이 없어요.

049

那你可真是捡到大便宜了。

Nà nǐ kě zhēnshi jiǎndào dà piányi le.

그럼 당신은 정말 싸게 잘 산 거네요.

037

我毕业于一所名牌大学。

Wǒ bì yè yú yì suǒ míngpái dàxué.

나는 명문 대학을 졸업했어요.

051

真是便宜没好货。

Zhēnshi piányi méi hǎo huò.

정말 싼 게 비지떡이네요.

039

我们公司确实是一家大企业。

Wǒmen gōngsī quèshí shì yì jiā dà qǐyè.

우리 회사는 확실히 대기업이에요.

053

网站上正好有我想买的香水。

Wǎngzhàn shang zhènghǎo yǒu wǒ xiǎng mǎi de xiāngshuǐ.

인터넷 사이트에 마침 내가
사고 싶어 하는 향수가 있어요.

042
结了婚，过日子就得脚踏实地。

Jiéle hūn, guò rìzi jiù děi jiǎotà shídì.

결혼하고 나면 생활하는 데 충실해야 돼요.

028
难得和家人一起出去，我觉得值得。

Nándé hé jiārén yìqǐ chūqu, wǒ juéde zhíde.

모처럼 가족과 함께 나가는 거라, 나는 그럴 만한 가치가 있다고 생각해요.

044
幸亏那个小偷已经被抓住了。

Xìngkuī nàge xiǎotōu yǐjīng bèi zhuāzhù le.

다행히 그 도둑은 이미 붙잡혔어요.

030
与其在家里呆着，不如出去旅游。

Yǔqí zài jiāli dāizhe, bùrú chūqu lǚyóu.

집에 있느니 차라리 여행하러 나가는 게 나아요.

046
我松了一口气。

Wǒ sōngle yì kǒu qì.

나는 안도의 한숨을 쉬었어요.

032
挤来挤去把我们累得要死。

Jǐ lái jǐ qù bǎ wǒmen lèi de yàosǐ.

밀치락달치락해서 우리는 힘들어 죽을 지경이에요.

048
和专卖店里的一模一样。

Hé zhuānmàidiàn li de yìmú yíyàng.

전문 매장의 것과 완전히 똑같아요.

034
我也巴不得不参加。

Wǒ yě bābudé bù cānjiā.

나도 정말 참가하고 싶지 않아요.

050
那双鞋居然掉色了。

Nà shuāng xié jūrán diào shǎi le.

그 신발은 뜻밖에 색이 빠졌어요.

036
先从小公司做起。

Xiān cóng xiǎo gōngsī zuòqǐ.

먼저 작은 회사부터 시작해요.

052
何况网络这个虚拟世界呢?

Hékuàng wǎngluò zhège xūnǐ shìjiè ne?

하물며 인터넷이라는 이 가상 세계는요?

038
我在各方面都很优秀。

Wǒ zài gè fāngmiàn dōu hěn yōuxiù.

나는 각 방면에서 모두 우수해요.

054
真想大哭一场。

Zhēn xiǎng dà kū yì chǎng.

정말 한바탕 울고 싶어요.

040
我本来想把这些情况告诉部门领导。

Wǒ běnlái xiǎng bǎ zhèxiē qíngkuàng gàosu bùmén lǐngdǎo.

나는 원래 이러한 상황들을 부서장에게 알리고 싶었어요.